日本のヤクザ100人

闇の支配者たちの実像

別冊宝島編集部［編］

宝島社

日本のヤクザ100人

闇の支配者たちの実像

まえがき

2015年8月27日、兵庫県神戸市に本部を置く「六代目山口組」(司忍組長)から、最高幹部を含む13人の直系組長が突如として離脱——。六代目体制で若頭補佐を務めていた井上邦雄組長(四代目山健組組長)を中心に、ただちに新団体「神戸山口組」が結成された。果たして、両山口組の間で銃撃、火炎瓶投てき、車両による特攻といった過激な「分裂抗争」が繰り広げられた——。

通常、暴力団関連報道を控えるテレビや全国紙などでも大きく取り上げられ、1984年に勃発した「山一抗争」(山口組対一和会)を彷彿《ほうふつ》とさせるかのように、夕刊紙や実話誌の報道も過熱した。この1年、マスコミも読者も視聴者も、久々に彼らの動向に目を奪われてしまったのである。

いまや一般社会においては、あらゆる場面でコンプライアンスの強化が叫ばれ、暴力団との交際はご法度《はっと》、暴力団排除条例等によってヤクザの存在そのものが否定されることさえある時代だ。

だが反面、時代が変わろうとも、ときに死をもいとわない男たちの苛烈《かれつ》な生きざまに、我々が惹《ひ》かれてしまうのも、また事実なのである——。

本書では、現役、引退者、故人を問わず、ヤクザ史に名を残す大物親分から、現在の山口組分裂抗争におけるキーマンまで、戦後および現代日本のヤクザ、総勢100人を独自に選び出した。

第1章「日本の首領《ドン》」では、三代目山口組・田岡一雄組長を筆頭とするカリスマたちを挙げた。第2章「荒らぶる獅子」では、ヤクザ本来の暴力性を押し出した猛者《もさ》たちの伝説をたどり、第3章「武勲の漢《おとこ》」では、熾烈《しれつ》な抗争に身を投じた男たちの真実を探る。さらに第4章の「シノギの帝王」では、暴力性と知性をフル活用して財を築いた経済ヤクザを考察し、第5章「反骨のカリスマ」では、徹底して強者に抗い続けた不撓不屈《ふとうふくつ》の極道の姿を捉える。そして第6章「銀幕のヒーロー」では、『仁義なき戦い』をはじめとした任侠映画のモデルとなった、伝説のアウトローたちの実像に迫る。

「わし、一人なっても山口組は解散せん！」

いまから半世紀近く前、田岡三代目は、警察当局からの過酷な取り締まりを一時的にかわすため、解散論を唱えた幹部をこう一喝した。

いまも昔も並外れたしたたかさで、厳しい逆風のなかを突き進む――。そんな侠《おとこ》たちの足跡を収めた本書が、世界にも類を見ない〝日本のヤクザ〟の実像を知る一助になれば幸いである。

別冊宝島編集部

目次

まえがき …… 2

第1章 日本の首領《ドン》

日本のヤクザ① **田岡一雄** 三代目山口組組長 …… 14
日本のヤクザ② **稲川聖城** 稲川会総裁／稲川会初代会長 …… 16
日本のヤクザ③ **松山眞一** 極東五代目／極東会初代会長 …… 18
日本のヤクザ④ **関根賢** 関根組組長 …… 20
日本のヤクザ⑤ **東清** 東組初代総長 …… 22
日本のヤクザ⑥ **工藤玄治** 工藤會初代会長／工藤組組長 …… 24
日本のヤクザ⑦ **松山庄次郎** 三代目酒梅組組長 …… 26
日本のヤクザ⑧ **堀政夫** 住吉連合会総裁／住吉一家五代目総長 …… 28
日本のヤクザ⑨ **福田晴瞭** 住吉会特別相談役／住吉一家七代目総長 …… 30
日本のヤクザ⑩ **関口愛治** 極東櫻井一家関口初代／極東愛桜連合会会長 …… 32

日本のヤクザ⑪ 森田政治 日本国粋会初代会長……34
日本のヤクザ⑫ 司忍 六代目山口組組長／弘道会初代会長……36

第2章 荒らぶる獅子

日本のヤクザ⑬ 山本健一 三代目山口組若頭／山健組初代組長……40
日本のヤクザ⑭ 竹中正久 四代目山口組組長……42
日本のヤクザ⑮ 竹中武 四代目山口組若頭補佐／竹中組組長……44
日本のヤクザ⑯ 井上邦雄 神戸山口組組長／四代目山健組組長……46
日本のヤクザ⑰ 中山勝正 四代目山口組若頭／豪友会初代会長……48
日本のヤクザ⑱ 梶原清晴 三代目山口組若頭／梶原組初代組長……50
日本のヤクザ⑲ 桑田兼吉 五代目山口組若頭補佐／三代目山健組組長……52
日本のヤクザ⑳ 中野太郎 五代目山口組若頭補佐／中野会会長……54
日本のヤクザ㉑ 草野高明 二代目工藤會会長／草野一家総長……56
日本のヤクザ㉒ 古賀磯次 道仁会初代会長……58
日本のヤクザ㉓ 加藤英幸 住吉会総本部長／幸平一家十三代目総長……60
日本のヤクザ㉔ 林喜一郎 稲川会会長補佐／林一家初代総長……62

日本のヤクザ㉕ 出口辰夫 稲川組幹部……64
日本のヤクザ㉖ 髙山清司 六代目山口組若頭／二代目弘道会会長……66
日本のヤクザ㉗ 橋本弘文 六代目山口組統括委員長／極心連合会会長……68
日本のヤクザ㉘ 寺岡修 神戸山口組若頭／俠友会会長……70
日本のヤクザ㉙ 吉川勇次 三代目山口組若頭補佐／吉川組初代組長……72
日本のヤクザ㉚ 図越利一 三代目会津小鉄会総裁／中島連合会会長……74
特別コラム① ヤクザにおける「喧嘩」無敗の極意……76

第3章 武勲の漢《おとこ》

日本のヤクザ㉛ 渡辺芳則 五代目山口組組長／二代目山健組組長……82
日本のヤクザ㉜ 地道行雄 三代目山口組若頭／地道組組長……84
日本のヤクザ㉝ 山本広 一和会会長／三代目山口組組長代行……86
日本のヤクザ㉞ 安原政雄 三代目山口組若頭／安原会会長……88
日本のヤクザ㉟ 中西一男 五代目山口組最高顧問／中西組初代組長……90
日本のヤクザ㊱ 岸本才三 六代目山口組最高顧問／岸本組初代組長……92

日本のヤクザ㊲ **小田秀臣** 三代目山口組若頭補佐兼本部長／小田秀組組長……94
日本のヤクザ㊳ **加茂田重政** 一和会副会長兼理事長／加茂田組組長……96
日本のヤクザ㊴ **安東美樹** 六代目山口組幹部／二代目竹中組組長……98
日本のヤクザ㊵ **竹内照明** 六代目山口組若頭補佐／三代目弘道会会長……100
日本のヤクザ㊶ **織田絆誠** 神戸山口組若頭代行／四代目山健組副組長……102
日本のヤクザ㊷ **門広** 四代目共政会最高顧問……104
日本のヤクザ㊸ **浅野眞一** 浅野組初代組長……106
日本のヤクザ㊹ **串田芳明** 三代目浅野組組長……108
日本のヤクザ㊺ **細谷勝彦** 二代目親和会総裁／親和会初代会長……110
日本のヤクザ㊻ **服部武** 二代目共政会会長……112
日本のヤクザ㊼ **合田幸一** 合田一家初代総長……114
日本のヤクザ㊽ **森田幸吉** 侠道会初代会長……116
日本のヤクザ㊾ **鳴海清** 二代目松田組村田組内大日本正義団幹部……118
日本のヤクザ㊿ **石川裕雄** 一和会常任理事／悟道連合会会長……120
特別コラム② **出世の王道だった「抗争からの懲役」**……122

第4章 シノギの帝王

日本のヤクザ㉛ 石井隆匡 稲川会二代目会長／五代目横須賀一家総長……128
日本のヤクザ㉜ 阿部重作 住吉一家三代目総長……130
日本のヤクザ㉝ 西口茂男 住吉会前総裁／住吉一家六代目総長……132
日本のヤクザ㉞ 岡精義 三代目山口組舎弟……134
日本のヤクザ㉟ 宅見勝 五代目山口組若頭／宅見組初代組長……136
日本のヤクザ㊱ 尾津喜之助 関東尾津組組長……138
日本のヤクザ㊲ 松田義一 関東松田組組長……140
日本のヤクザ㊳ 芝山金吾 関東丁字家佐橋一家芝山初代……142
日本のヤクザ㊴ 工藤和義 六代目山口組最高顧問／四代目國粋会会長……144
日本のヤクザ㊵ 伊豆健児 五代目山口組顧問／伊豆組初代組長……146
日本のヤクザ㊶ 英五郎 五代目山口組若頭補佐／英組初代組長……148
日本のヤクザ㊷ 後藤忠政 五代目山口組若頭補佐／後藤組組長……150
日本のヤクザ㊸ 関功 住吉会会長／共和一家六代目総長……152
日本のヤクザ㊹ 角田吉男 稲川会四代目会長／七熊一家五代目総長……154
日本のヤクザ㊺ 清田次郎 稲川会五代目会長／二代目山川一家総長……156

日本のヤクザ⑯ **内堀和也** 稲川会理事長／三代目山川一家総長 …… 158
日本のヤクザ⑰ **大原宏延** 六代目山口組本部長／大原組組長 …… 160
日本のヤクザ⑱ **青山千尋** 六代目山口組舎弟頭／二代目伊豆組組長 …… 162
日本のヤクザ⑲ **入江禎** 神戸山口組副組長／二代目宅見組組長 …… 164
日本のヤクザ⑳ **池田孝志** 神戸山口組舎弟頭／池田組組長 …… 166
日本のヤクザ㉑ **正木年男** 神戸山口組総本部長／正木組組長 …… 168
日本のヤクザ㉒ **毛利善長** 神戸山口組本部長／毛利組組長 …… 170
特別コラム③ **知られざる「経済ヤクザ」の資金源** …… 172

第5章 反骨のカリスマ

日本のヤクザ㉓ **川口和秀** 二代目東組副組長／二代目清勇会会長 …… 178
日本のヤクザ㉔ **町井久之** 東声会会長 …… 180
日本のヤクザ㉕ **溝下秀男** 三代目工藤會会長／二代目工藤連合草野一家総長 …… 182
日本のヤクザ㉖ **浪川政浩** 浪川会会長 …… 184
日本のヤクザ㉗ **高山登久太郎** 会津小鉄四代目会長 …… 186

日本のヤクザ⑱ 津村和磨 大野一家義信会会長……188
日本のヤクザ⑲ 大長健一 大長組組長……190
日本のヤクザ⑳ 小林哲治 道仁会四代目会長……192
日本のヤクザ㉑ 盛力健児 五代目山口組若中／盛力会会長……194
日本のヤクザ㉒ 趙春樹 稲川会最高顧問／箱屋一家四代目総長……196
日本のヤクザ㉓ 柳川次郎 三代目山口組若中／柳川組初代組長……198
日本のヤクザ㉔ 谷川康太郎 三代目山口組若中／二代目柳川組組長……200
日本のヤクザ㉕ 又吉世喜 沖縄連合旭琉会理事長……202
日本のヤクザ㉖ 新城喜史 沖縄連合旭琉会理事長……204
日本のヤクザ㉗ 太田州春 太州会初代会長……206
日本のヤクザ㉘ 藤田卯一郎 松葉会初代会長……208
特別コラム④ 死にざまは選べない、ヤクザの宿命……210

第6章 銀幕のヒーロー

日本のヤクザ㉙ 安藤昇 東興業社長／安藤組組長……216

日本のヤクザ⑨⓪ 花形敬 安藤組幹部……218
日本のヤクザ⑨① 菅谷政雄 三代目山口組若頭補佐／菅谷組組長……220
日本のヤクザ⑨② 平尾国人 三代目山口組石井組舎弟……222
日本のヤクザ⑨③ 川内弘 三代目山口組菅谷組舎弟／川内組初代組長……224
日本のヤクザ⑨④ 稲川裕紘 稲川会三代目会長／稲川一家総長……226
日本のヤクザ⑨⑤ 波谷守之 波谷組組長……228
日本のヤクザ⑨⑥ 佐々木哲彦 山村組若頭……230
日本のヤクザ⑨⑦ 美能幸三 美能組初代組長……232
日本のヤクザ⑨⑧ 山上光治 岡組組員……234
日本のヤクザ⑨⑨ 大西政寛 土岡組若頭……236
日本のヤクザ⑩⓪ 山村辰雄 山村組組長／共政会初代会長……238

※本書で紹介する人物の肩書は、現役であれば2016年9月現在の肩書、引退者や故人であれば最終肩書、もしくは周知されていると思われる肩書を採用しています。なお、人物の氏名は渡世名で掲載しております。

装幀◉Malpu Design（清水良洋）
本文デザイン◉長久雅行
写真提供◉共同通信社 時事通信フォト ほか
編集◉エディタ

第1章

日本の首領《ドン》

燦《さん》然《ぜん》と輝く不世出の大侠《きょう》客《かく》
日本最大組織の礎《いしずえ》を築く

田岡一雄

三代目山口組組長

1913—1981

たおか・かずお●1913年、徳島県生まれ。農家に育ち、19年、母親の死で兵庫県神戸市に移転。30年に二代目山口組で修業を始め36年に組員となる。37年、刺殺事件で懲役刑を受け43年に出所。46年に一家一門の総意により山口組三代目を襲名。港湾荷役や芸能などの正業で経済的基盤を確立。一方で全国進攻作戦を展開し山口組を日本最大組織へと押し上げた。81年、急性心不全で死去。長男の満（故人）は映画プロデューサー、長女の由伎はエッセイスト。

日本の近代ヤクザ史上、最も成功を収めた親分として真っ先に名前が挙がるのは、田岡一雄・三代目山口組組長で間違いないだろう。高等小学校を卒業後、旋盤工の見習いとして就職したが現場主任の横暴に耐えきれず殴打したことで解雇され、行くあてもなく神戸の繁華街を歩いている際、偶然に小学校の同級生と運命の再会を果たす。その同級生こそが二代目山口組・山口登組長の実弟だった。そこから、田岡三代目と山口組との縁が始まるのだ。

しかし、田岡三代目が入門した当時、山口組は神戸に群雄割拠している小さな博徒一家の一つにすぎなかった。現在の日本最大組織への階段を上り始めるのは、1942年に若くして亡くなった山口二代目の跡目を、戦後に33歳の田岡三代目が継承してからだ。

子分33人でスタートした三代目体制で、田岡三代目は賭場での収益に見切りをつけ、戦前から手がけていた浪曲の興行に注力するとともに、神戸港での港湾荷役業にも進出。興行面では芸能プロダクションの「神戸芸能」を立ち上げ、美空ひばりの興行を手がけるようになった。当時、田岡三代目はことあるごとに配下の者たちに「正業を持て」と伝えていたという。博奕や違法薬物などの非合法な収益だけでは必ず行きづまるときが来ると予見していたのだ。

こうして築いた経済的基盤をバックボーンにして、50～60年代にかけて田岡三代目の号令の下、山口組は全国各地で地元の独立団体と抗争を起こす。そして、ことごとく勝利を収め、菱の代紋の直轄地が広がっていったのである。これら進攻作戦で活躍したのが、のちに山口組若頭となる山本健一・山健組組長、ボンノこと菅谷政雄・菅谷組組長、田岡三代目亡きあとに山口組を脱退して一和会を結成した山本広・山広組組長らだった。

田岡三代目の経済面に代表される優れた先見性は有名だが、さらに凄いのは、その卓越した人心掌握術だろう。配下の若い者らは一人残らず田岡三代目に心酔していたが、山健（山本健一）組長ら大幹部も例外ではなかったとされる。ヤクザなら誰しも自分がトップになることを夢見て、すきあらば、そのイスに座ろうと画策する。だが、田岡三代目の前では全員が、いち若衆に戻って真摯に仕え、知らないうちに切磋琢磨していったという。田岡三代目は山口組の躍進にプラスになると知っていたから、幹部らをつねに競わせる状態に置いたといわれる。

在任中、ほぼパーフェクトの組織運営を見せた田岡三代目だったが、唯一のミスは跡目を指名しなかったことだった。それにより、死後にヤクザ史上で最大・最悪の「山一抗争」が勃発。多くの血と涙が流れる結果となったのである。

日本のヤクザ②

徒《と》手《しゅ》空《くう》拳《けん》から組織を創設 カリスマの魂はいまも息づく

稲川聖城

1914―2007

稲川会総裁
稲川会初代会長

いながわ・せいじょう●1914年、神奈川県生まれ。33年に藤沢市に本拠を構える堀井一家の加藤伝太郎三代目総長の下でヤクザ修業を始めた。その後、49年に熱海を縄張りとする山崎屋一家の五代目を継承し、稲川組を立ち上げた。組織は愚連隊などを吸収して一気に拡大。鶴政会、錦政会と名称を変え、72年に現在の稲川会と改めた。初代会長として牽引したのち、86年には石井隆匡理事長に二代目を譲って総裁に就任。2007年に93歳で大往生を遂げた。

横浜で生まれた稲川聖城総裁は、1933年に町の柔道場で汗を流しているとき、堀井一家の加藤伝太郎三代目総長に腕っ節の強さと闘志を買われた。稲川総裁のほうも加藤総長の器量の大きさに惚れ込み、博徒修業へ打ち込み始めたという。

一時、軍隊に召集されていたが復帰すると、41年には加藤総長の兄弟分で綱島一家の鶴岡政次郎五代目総長の下へと預けられ、修業を重ねた。すぐに頭角を現し、49年に稲川総裁は、熱海を中心に広大な縄張りを持つ老舗の山崎屋一家の石井秀次郎四代目総長の跡目を継承。同時に34歳の若さで稲川組を興したが、これが現在の隆盛を誇る稲川会の原点である。

以降、稲川組には「横浜愚連隊」などの優秀な若い衆が続々と入門。彼らは草創期の稲川会を支え、今日の大組織に至る礎を築いた。当時の勢力範囲は、熱海を中心にして東は横浜、西は静岡・

三島、北は山梨・甲府と円状に広げていたが、稲川総裁は東京への進出を虎視眈々と狙っていた。そして、ついに59年、銀座に「稲川興業」の看板を掲げ、東京事務所を設立。同年に鶴岡政次郎親分の名にちなんで「鶴政会《かくせいかい》」と改称、さらに63年には「錦政会《きんせいかい》」と改めた。

組織を着々と躍進させる一方、稲川総裁は他組織との連携でも尽力。63年には、トラブルを抗争に発展させせないため、関東の主だった博徒系組織を結集した「関東会」を自身が旗振り役となって発足させた。72年には田岡一雄三代目が統率する山口組との関係を深めるため、山口組若頭の山本健一・山健組組長と、錦政会理事長の石井隆匡《たかまさ》・横須賀一家五代目総長とが五分義兄弟の盃《さかずき》を交わした。以来、現在に至るまで山口組とは友好関係が保たれているように、他組織と手を携えて平和共存を広める動きをいくつも実行してきた。

また、苦難の時代も経験している。64年から警視庁並びに各県警本部が開始した「第一次頂上作戦」では、徹底取り締まり対象の組織に錦政会も含まれていたことで、厳しい集中砲火を浴びた。翌年に錦政会は苦渋の決断を下して解散を選び、68年から稲川総裁は過去の賭博開帳図利の罪で3年間服役することとなったのだ。

72年に出所すると名称を現在の「稲川会」と改め、初代会長として組織を牽引したのち、85年には石井隆匡理事長へ二代目会長の座を禅譲し、自らは総裁のイスに座った。その後、業界全体のご意見番として君臨していたが、2007年に93歳でヤクザ人生に幕を下ろした。執り行われた本葬儀通夜には、全国から錚々《そうそう》たる親分衆が駆けつけ、近年まれにみる盛大な野辺送りといわれ、いまも語り種《ぐさ》となっている。

日本のヤクザ③

テキヤ界きっての武闘派
神農界の長老として貢献

松山眞一

極東五代目
極東会初代会長

1927—

まつやま・しんいち●1927年、東京都生まれ。戦前から池袋で愚連隊として名を上げる。終戦後、極東関口一家・三浦組の三浦周一組長から盃を受け渡世入り。組織拡大とともに新宿にも進出。その後、三浦二代目を継ぎ、三浦連合会を経て85年に眞誠会に改称。90年には極東会の会長に就任。93年に極東五代目を継承した。博徒組織とも積極的な外交を見せ、稲川会・稲川裕紘三代目会長、住吉会・西口茂男会長、松葉会・牧野国泰会長と血縁盃を交わした。

神農界を代表する大組織である極東会。そのトップに君臨するのが松山眞一・極東五代目だ。現在、ヤクザ界のキャリアにおいては、東西を問わず最長老といえる。

松山五代目は、関東神農界の大立者《おおだてもの》・関口愛治《あいじ》親分の有力な若衆であった三浦組・三浦周一組長の縁に連なって渡世入りした。もともとの地元は池袋であったが、三浦組長が新宿に本格的に進出した経緯もあり、松山五代目の勢力範囲は東洋一の歓楽街・歌舞伎町を中心とした新宿にも拡大。新宿はもちろん、地元の池袋も東京きっての繁華街であり、これにより極東会の勢力拡大に大きく貢献することになる。三浦周一組長が死去すると、松山五代目はその器量をもって三浦二代目を継ぎ、三浦連合会を結成した。

松山五代目のヤクザ界における功績で特筆すべき点は、テキヤ系組織を刷新したことだろう。よくいえば伝統的、悪くいえば旧態依然としていた神農界において、組織を現代的に改めることで、結束が強まり、より強固な組織へとつながったのだ。また、松山五代目が組織を継いでから、新宿地区や池袋地区において、「極東は武闘派」というイメージがヤクザ業界に広まったのも、この組織改革が影響したとされる。

さらに、もう一つ重要なことがある。それは、神農と博徒との間にあった溝を取り払い、相互理解と共存共栄を推進したことだ。きっかけは、1983年の住吉連合会・幸平一家と三浦連合会との抗争だった。この抗争の和解のため、住吉連合会・堀政夫会長（のちに総裁）と松山五代目のトップ会談が行われたのだ。

その機運に乗るかたちで、関東の神農組織は「関東神農同志会」を結成し、団結を図った。また、この一連の動きは、関東神農同志会と博徒組織の親睦会である関東二十日会の双方が、定期的な会合を持つようになるきっかけともなったのである。いわば、割拠する群雄同士のホットラインであり、抗争事件などの揉めごとがあった際には絶大な効果を発揮した。

関西地区と違って、皇居や国会などの首都機能がある東京で、大規模な抗争が起きれば治安上の問題からも、警視庁がそのメンツにかけてヤクザの壊滅に動くことは火を見るより明らかだった。とくに屋台を本業とするテキヤにとっては死活問題で、このトップ同士の共存路線は神農にとってはもちろん、警察の介入を牽制する意味で博徒にとっても有益なものとなったのだ。

その後も、松山五代目は、博徒系組織のトップと血縁を結ぶなど首都・東京の安定に尽力。いまも神農界の最長老として、その存在感は健在である。

日本のヤクザ④

関東一円を牛耳った大親分 GHQ命名は「東洋のカポネ」

関根賢

関根組組長

1899―1977

せきね・まさる●1899年、群馬県生まれ。父親は中学校校長、兄弟も裁判所に勤める良家だった。中学卒業後、上京し土建業に。1921年、全国の土建業者を集めた、大和民労会に参加。36年、東京都江東区、墨田区などの博徒、愚連隊などを結集し、墨田区向島に関根組を結成。44年、大東亜戦争下、鉄や銅などの資源収集を児玉誉士夫氏らと行い、軍に協力。47年、GHQによるヤクザの一斉検挙で逮捕され関根組は解散。出所後は建設業に専念する。77年、79歳で死去。

戦前から戦後にかけて関東一円に勢力を広げ、構成員は1万人以上、「関根組にあらざればヤクザにあらず」ともいわしめるほどの勢力を誇った。

その関根組を結成した関根賢組長は、群馬県に生まれた。実家は江戸時代、1200石取りの武士だった。兄の実が民政党院外団常任理事をしていたことから、その伝手《つて》を頼って上京する。院外団とは、もともとは壮士と呼ばれた政治活動家のことで、暴力を辞さず、政治家を守るボディガードの役目を果たすこともあり、選挙などの際には多くの壮士が馳せ参じた。関根組長の人間力だけでなく、兄の人脈の広さも、土建業をするうえで大いに役立ったことは想像に難くない。

のちに、土建業会にこの人ありといわれた河合徳三郎氏に見い出され、その配下となる。1921年に河合氏が全国の土建業者を集めて大和民労会を結成すると、それに参加した。当時、政友会寄りの大日本国粋会と、民政党を後ろ盾とした大和民労会はたびたび抗争事件を起こしていたが、日本刀を手に、その矢面に立って活躍したのが関根組長だった。

36年、関根組長は江東区、墨田区を中心とした東京下町の博徒や愚連隊を集めて、関根組を立ち上げる。38年、国家総動員法が制定され、40年に左右合同の大政翼賛会が結成されると政治的な対立は静まり、軍部は鉄や銅など兵器に必要な資源収集のため、関根組などのヤクザ組織を利用した。

終戦後、藤田卯一郎氏、弟の関根時雄氏、久野益義氏ら優秀な最高幹部を抱えていた関根組は、急速に勢力を広めていく。構成員は1万人以上となり、関根組の威光を利用しようと、ニセ組員も横行した。ところが、関東を牛耳る関根組は、戦後日本の最高権力であるGHQに目をつけられる。親分子分の関係からなるヤクザ組織が封建的であり、日本の悪しき慣習と見なされたのだ。

GHQは警察にヤクザ組織の一掃を命じ、その標的となったのが巨大組織である関根組だった。47年、機関銃の不法所持により、関根組長をはじめ幹部や多数の組員が検挙され、関根組は壊滅状態となった。軍事裁判によって関根組長の有罪が確定すると、49年にはGHQの団体等規正令によって、関根組は解散に追い込まれた。

出所後、関根組長は稼業から足を洗い、建設会社社長として事業に専念していく。53年、関根組長の意志を受け継いだ藤田卯一郎会長によって、関根組は松葉会として再建された。

第一線を退いてもその影響力は絶大で、75年に関根組長の喜寿を祝うパーティが都内のホテルで催された際には、東急電鉄の五島昇社長ら著名財界人や、親分衆600人が集まるほど盛大だった。それから2年後の77年、大親分・関根組長はこの世を去った。

日本のヤクザ⑤

関西きっての超武闘派組織 一本《いっぽん》独鈷《どっこ》を貫く孤高の存在

東清

東組初代総長

1926―2014

あずま・きよし●1926年、奈良県生まれ。60年に大阪・池田組の傘下組織だった東組は、大阪でもひと際ヤクザ組織の多い西成地区で独立を果たす。ひとたび抗争が始まれば、山口組などの大組織相手でも一歩たりとも引かないため、「超武闘派」「喧嘩の東組」などと業界内外から畏敬の念をもって見られた。また、他組織との縁組みにも積極的ではなく、現在も一本独鈷を維持している。2010年に滝本博司二代目にトップの座を譲った。14年に他界した。

大阪西成の東《あずま》組といえば、数々の抗争を繰り広げてきた「超武闘派」というイメージが業界内外に強い。その創設者が東清初代総長である。

20代の頃、どの一門・一家にも所属せず、一匹狼の博徒として激戦区の大阪を生き抜いた。それでも30歳の頃には、東総長を慕って何人かの子分がいたという。そこへ、11歳年下の実弟で、のちに東組傘下の清勇会を立ち上げる東勇《いさむ》会長が地元奈良から来阪。実兄に加勢したことで東総長は東組結成を決めたのだ。兄弟の名字は「岸田」だが、母親の旧姓である「東」を組織名に冠した。

その後、一時期だけ東総長は、池田大次郎親分率いる池田組の舎弟頭を務めた信貴《しぎ》久治・信貴組組長の若い衆となったことがあった。池田組は浪速の名門博徒「い聯《れん》合」の流れをくむ由緒ある一門だったが、信貴組が1960年に解散したことで、東組は再び独立団体に戻ったのである。

その東組が一躍、武闘派としての名を高めた抗争が二つある。

一つは、73年に起きた三代目山口組の山健組系列組織との争いだ。山健組はいわずと知れた山本健一組長が率いる組織で、当時の山健（山本健一）組長は山口組若頭という重職にあった。その山健組系列組織との間で、双方の事務所に拳銃を撃ち込んだ末に手打ちを迎えた。あの山健組相手でも一歩も引かないという強硬派ぶりは、関西ヤクザ社会でも瞠目《どうもく》の的となった。また、山口組とはその後も、82年と87年に抗争を繰り広げ、とくに87年の抗争は死傷者5名を出す激烈な争いで、「泉州《せんしゅう》抗争」などとも呼ばれた。

もう一つは、83年に大阪の名門組織である五代目酒梅組との間で起きた「新大阪戦争」だ。当時、酒梅組の谷口正雄組長も関西ヤクザ界では知られた存在で、両組織は激しい抗争を繰り広げた。やがて、このような状況を経て、「喧嘩の東組」という認識がヤクザ社会に定着したのであった。

また、東組は戦後のヤクザ組織では珍しく一種のモンロー主義＝孤立主義を維持してきた組織である。それゆえ、東組には「孤高」さらには「一本独鈷《いっぽんどっこ》」という言葉がふさわしい。一方で、カタギとは一線を引く点も徹底しており、あくまでもヤクザという立ち位置は崩していない。東総長の「筋が通らないことでは一歩も引かない」という信念はその後も東組に引き継がれているが、近年は暴力団排除条例などによるヤクザの困窮をＮＨＫの取材で答えるなど、対世間に関しては開かれた部分もある。

２０１４年、東総長は亡くなったが、初代の衣鉢《いはつ》を継いだ東組がヤクザ社会で一本独鈷を死守していくことに変わりはない。

日本のヤクザ⑥

業界屈指の超武闘派の原点 骨肉の争いも辞さぬ根性

工藤玄治

工藤會初代会長
工藤組組長

1910―1996

くどう・げんじ●1910年、福岡県生まれ。10代の頃から西日本各地の賭場を巡る生粋の博奕打ちだった。戦前から工藤組として活動し、戦後の49年に正式に発足。60年代初頭から九州に進出を始めた山口組とは抗争を繰り返した。その後、工藤組創設以前から片腕的存在だった草野高明若頭と決裂したことで、工藤会vs草野一家という骨肉の争いが勃発し、多くの血が流れた。87年に和解し、工藤連合草野一家として合併すると総裁に就任。96年に亡くなった。

工藤玄治組長は16歳頃から、山陽道や関西各地にある賭場を何度も行き来して男を磨いたとされる。その後、恩義のあった小倉の親分が懲役を終えると、引退して組織を解散させたため、かたちだけ親分のあとを継いで工藤組を名乗り、戦前に渡世の道に入った。ただし、当時の子分は草野高明若頭ただ一人で、工藤組長と姐さん、草野若頭の3人だけで四畳半一間から始めたという。

戦後、工藤組は、公営ギャンブルが活況を呈したため、利用客が増大し、トラブルが頻発するようになった小倉競輪場の警備を任されるようになった。それに伴い、草野若頭の配下として大量に若い者も増えたことで、1949年に工藤組は正式に旗揚げしたのだ。

組織は順調に拡大を続け、「小倉に工藤組あり」と業界でも認められる存在となった。50年代には工藤組長が草野若頭らを引き連れ、のちの稲川会初代会長となる稲川聖城総裁が開いた神奈川・湯河原の賭場に出かけるなど、他組織との交流も深まっていた。

一方、地元の独立組織との対立も激しさを増し、草野若頭の実弟が殺害されるという事件が発生。また、60年代に入ると山口組が全国進攻作戦を展開し、九州にも進出を開始した。63年には三代目山口組の地道行雄若頭が、草野若頭の実弟を殺害した組織を含め、北九州市内の独立組織を次々と傘下に収めたのだ。

そして、北九州市内での興行をめぐっての対立から、山口組系組織組員2人が工藤組系組織組員によって紫川河川敷で殺害され、川に投げ込まれるという「紫川事件」が発生した。

事件に関与したとして草野若頭は逮捕・起訴され懲役刑を受けた。だが、突如として獄中から工藤組脱退と草野組解散を宣言したのである。予想外の声明は工藤組長の目に裏切りと映ったが、草野若頭は工藤組長との関係を断つことで、警察からの取り締まりが及ばないように配慮したのだった。このすれ違いが悲劇を生む。

77年に出所した草野若頭は草野一家を結成。その2年後に工藤組から改名した工藤会との間で、銃を使用する凄惨な「骨肉の争い」が始まった。そこで昔から工藤組長と草野若頭とは馴染みのある稲川聖城総裁が、懸命な仲裁を重ね、87年になってようやく和解に至ったのだ。

両組織は合併して「工藤連合草野一家」(のちの工藤會)に生まれ変わると、工藤組長は総裁、草野若頭は総長に就任して歩み出した。

90年には溝下秀男若頭が工藤連合草野一家の代目を継承し、新体制が始動。溝下二代目総長が統率する組織のいっそうの充実と発展を見届けると、96年に大往生を遂げたのである。

田岡三代目と五分の兄弟分
大阪の名門・酒梅組中興の祖
松山庄次郎
三代目酒梅組組長
1898—1961

まつやま・しょうじろう●1898年、大阪府生まれ。幼い頃に一家で大阪市内に出て、16歳の頃、酒梅組の鳶梅吉初代組長から盃を受ける。1931年に鳶初代の死去後、田中勇吉組長が二代目を継ぐが、35年に急死し、酒梅組は冬の時代を迎える。戦後に三代目継承後、大阪市内に事務所を開設して闇市の治安維持などで活躍。47年、空襲で焼けた木津市場を再興する。50年代、興行の分野に進出し、全日本プロレス協会を設立。61年、63歳で死去。

松山庄次郎組長が、酒梅組《さかうめ》の鳶梅吉《とびうめきち》初代組長の子分となったのは16歳のときだった。松山組長の父親が鳶初代の若い衆だったことから、直接、鳶初代に頼み込んだのだという。父親の実家は代々、河内長野で雑穀商を営んでいたのだが、父親の代になって稼業が傾いた。理由は、父親が〝飲む、打つ、買う〟の放蕩三昧を尽くしたことにあった。一家は河内長野にいられなくなり大阪に出たが、生活は相も変わらず、荒れた日常のなかで父親は鳶初代と知り合い若い衆となった。ヤクザとしては鳴かず飛ばずだったが、父親に人を見る目はあったようで、長男の庄次郎にヤクザとしての才を嗅ぎ取り、のちに同じ道に進ませたのだった。

松山組長は親分の咎《とが》を背負って刑務所にも入ったが、何事も男の修業という気の強さで、父親が見込んだ通り、順調に出世をしていった。その当時（1926年）の酒梅組は、2000人の組員がいたが、そのなかで松山組長は8人の配下を抱え、30歳手前にして賭場を開くことができる中堅幹部にまでなっていたのだ。また、非常に気さくな人物で、夕方になると銭湯に行くことを日課とし、近所のカタギの人々との交流をなにより楽しみにしていた。「一人で歩けないような親分は値打ちがないわ」と言って、銭湯ばかりでなく、屋台のおでん屋などにもふらっと入ったという。若い衆にも気さくに接したが、傍に寄せることは滅多になく、礼節には厳しかった。

順調に勢力を拡大させていた酒梅組だったが、31年に鳶初代が亡くなり、その跡目を継いだ田中勇吉二代目も35年に死ぬと、大東亜戦争により若い衆が出征していったこともあり、勢力は急速に衰えた。松山組長は連日賭場に入り浸ってはいたが、三代目を継ぐ気はなかったという。しかし思わぬところから白羽の矢が立った。初代大阪市警視総監の鈴木英二が松山組長の家に訪ねてきた。大阪市内の闇市では三国人が我が物顔で歩き、警察の手には負えないので、治安維持のために酒梅組に力を貸してほしいというのだ。警視総監の申し出を粋《いき》に感じた松山組長は、戦後の混乱期に三代目を継承する。松山組長は木津市場の再建なども果たし、酒梅組を見事に再生させた。

再び酒梅組の名声が高まると、多くの組長と兄弟盃を交わしたが、松山組長が最後に盃を交わしたのは、三代目山口組の田岡一雄組長だった。田岡三代目は松山組長の18歳年下で、車に同乗するときには松山組長を先に乗せるなど、つねに気をつかっていた。田岡三代目の器量に惚れた松山組長は、若い衆に「田岡三代目のような男についていけ」と話していたという。

晩年は全日本プロレス協会（ジャイアント馬場の全日本プロレスとは別）や浪曲道場を開くなど、数多くの興行も手がけた。糖尿病を患っていたこともあり、61年、63歳で亡くなった。

日本のヤクザ⑧

〝お役者マサ〟の異名を持つ元祖モンロー主義の大親分

堀政夫

住吉連合会総裁
住吉一家五代目総長

1925―1990

ほり・まさお●1925年、長崎県生まれ。二代目住吉一家高輪・伊皿子貸元、井出六蔵親分との関係で渡世入り。井出親分の命を受けて、堀総裁は千葉県野田市に赴いて中里一家の四代目を継承した。戦後は芝居の興行主として東北一円を回り、ここから「お役者マサ」の異名が生まれたという。67年、住吉一家五代目総長に就任、住吉連合を結成。82年、組織刷新を断行、住吉連合会に改名し会長に就任。88年には総裁に就いたが、90年に肝硬変で死去。

住吉連合会（現・住吉会）の堀政夫総裁は、千葉県野田市では今日でも地場最大、国際的にも知られる醬油のキッコーマンと並ぶほど有名な親分で、穏やかな人柄などからカタギにも親しまれていた。ヤクザとしては武闘派として知られながらも、その人物への評価がひと際高いことから、多くの組織が舎弟になったという。しかし、組織そのものが傘下団体になることは、伝統を破ることになるからと、親戚として後見役になるのが大半だった。内政不干渉、侵さず侵されずのモンロー主義の元祖ともいわれる。

1955年頃、堀総裁は二代目住吉一家高輪・伊皿子《いさらご》貸元、井出六蔵親分の命で、中里一家があった千葉県野田市に住まいを構え、中里一家の四代目総長に就任した。堀総裁は芝居興行だけではなく、プロレス興行や演歌歌手の公演など多くの興行を手がけた。そのために野田市という地方都市でありながら、国民的英雄だった力道山が訪れたり、有名な人気歌手が小さなホールで公演することもたびたびあった。

67年に住吉一家の磧上《せきがみ》義光四代目総長の病死にともない、五代目総長を継承するものの、時代はヤクザに厳しく、警察当局の第一次頂上作戦により住吉会は解散の憂き目に遭う。69年、堀総裁は解散していた住吉会を糾合して住吉連合を結成し、その代表となった。これはすなわち、警察に最も目をつけられる存在になるに等しい行動でもあった。

82年には住吉連合を住吉連合会に改称、自身の役職名も代表から会長に改めた。組織や役職の名称が変わっただけではなく、副会長ポストを新たに設け、100人以上もいた常任相談役のなかから12人の副会長を選出するなど組織の構成も大きく変化させたのだ。そのほかにも、長老親分のために名誉顧問や常任顧問などの職も新たに創設。連合体であるがゆえに、役職名や地位は他組織よりも重要と考えたのである。

83年、東京・池袋で、住吉連合会の幸平一家十一代目と、テキヤ組織の極東関口三浦連合会（のちの極東会眞誠会）が「池袋抗争」を起こす。歌舞伎町を抱える新宿に次ぐ繁華街の池袋で発生した抗争事件は、世間を大きく騒がせたが、堀総長と松山眞一・極東関口総帥が会談、すぐさま手打ちとなり、その後、博徒系とテキヤ系の融和が進むことになる。

88年、住吉連合会総裁に就任。総裁—会長—理事長—本部長といった強力な体制を整え、さらに90年にはこの4人のポストを支える6人の会長補佐、12人の副会長を配置するという布陣を構築した。そして、同年にすべてをやり終えたかのように堀総裁は息を引き取った。享年65だった。

日本のヤクザ⑨

銀座・六本木の福田から住吉会の頂点へ上りつめる

福田晴瞭

住吉会特別相談役
住吉一家七代目総長

1943—

ふくだ・はれあき●1943年、千葉県生まれ。小中学校時代を青森で過ごし、高校で東京に戻った。銀座や六本木などに拠点を構える住吉会傘下の小林会で台頭。90年に小林楠扶会長の後を受けて二代目会長に就任した。福田総業ビルを銀座に所有し、小林会の事務所を置く。98年、西口茂男会長の指名を受け、住吉会会長に就いた。05年には住吉一家の西口六代目総長から跡目を譲られ七代目総長になる。14年、会長職を関功会長代行に譲り、特別相談役に就任。

住吉会の銀座勢といえば、三代目小林会と三代目大日本興行が広く知られている。

小林会は小林楠《くす》扶《お》初代会長の下で勢力の拡大を遂げた。また、民族派団体の「日本青年社」も小林会長が立ち上げるなど、政治活動にも熱心な組織である。

その小林会長の期待を一身に背負いながら、真摯に修業に励んで器量を磨いた福田晴瞭特別相談役は、1990年に47歳の若さで小林会二代目会長を継承した。それにより、銀座や六本木、麻布といった日本屈指の歓楽街の顔役となったのだ。

住吉会の理事長だった98年当時、西口茂男会長からの指名により会長の座を譲られた。しかし、このときに、西口会長就任時には行われた、配下組員らとの盃直しは行われなかった。すなわち擬制血縁的には、住吉会の傘下組織を率いる親分衆らは、会長が替わっても西口前会長の子や舎弟であり続けたことになる。住吉一家総長の座は変わらずに西口前会長が務めていた。福田特別相談役は会長就任から7年後の2005年になって、西口六代目総長から住吉一家七代目を継承した。これにより名実ともに大住吉のトップに上りつめたのである。

また、銀座をはじめ都内各地の繁華街を拠点にする都会派ヤクザであり、経済活動に強いことでも知られ、不動産事業など多くの表の事業にも関与。押し出しの強い容貌とはひと味違う経済ヤクザとしての側面も持っている。

福田特別相談役が会長に就任した当時の住吉会は、「新東京戦争」「仙台抗争」「埼玉抗争」など、全国各地において、山口組との間で死傷者を出す激しい抗争事件を起こしていた。それ以前から、山口組とは組織同士の親しいつきあいを持たない、在京の組織であった。

しかし11年、六代目山口組の司忍組長が府中刑務所から出所すると、福田特別相談役は複数の最高幹部らを引き連れて神戸の山口組総本部に出向き、司六代目と会談。その翌日には、山口組の最高幹部らが東京・赤坂の住吉会本部を訪問し、友好を模索する関係となったのだ。関東最大レベルの組織である住吉会のトップが、暴対法や暴排条例に押さえつけられるヤクザ社会にデタントをもたらすものとして、評価された行動だった。

2014年、98年から足かけ16年にわたって務めた会長職を関功会長に譲り、特別相談役となった。福田特別相談役は会長職を退いた現在でも、住吉一家七代目総長であり、住吉会において隠然たる力を持つという。西口前総裁、関会長とともに、アメリカからの資産凍結や使用者責任裁判で被告とされるなど、住吉会のキーパーソンの一人であることに変わりはない。

日本のヤクザ⑩

義理と人情をなによりも重視 恩義のために入獄もいとわず

関口愛治

極東櫻井一家関口初代
極東愛桜連合会会長

1897—1967

せきぐち・あいじ●1897年、群馬県生まれ。4歳で口減らしのため、長野県の関口家へ養子に出された。1914年、17歳で家出し、横浜の飴徳一家の下で修業した桜井庄之助親分の盃をもらって若衆となる。30年、山形事件により逮捕。10年間の獄中生活を送る。戦後、池袋に拠点を置き新宿にも進出。東日本一帯のテキヤ組織をまとめ、61年に極東愛桜連合会の初代会長。67年、警視庁の第一次頂上作戦で連合会は解散に追い込まれ、同年に69歳で亡くなった。

頼ってくる者は拒まず、とにかく面倒見のよい親分——それが関口愛治初代だった。幸せとはいい難い生い立ちが〝人情の厚さ〟の原点にあるのかもしれない。生家の茂木家から養子に出されたのは4歳のときで、養子先は長野県の関口家だった。その家も17歳で飛び出し、静岡県の沼津を拠点としていた桜井一家初代の桜井庄之助親分の若い衆となる。テキヤ稼業に身を投じて、めきめきと頭角を現すが、つねに養父母への感謝は忘れずに毎月仕送りを続けたという。

1917年に東京湾を襲った大津波や、関東大震災のときには、被災者への救済活動も行ったという。己《おのれ》のことはさておき、他人のために労をいとわない関口初代の下には、有象無象の人間たちが集まった。たとえ何の利にならない人物でも、関口初代は無下にすることはなかった。それゆえに、その人情の厚さが自分自身を窮地に陥《おとしい》れることもあった。

それが30年に起きた山形事件である。兄弟分である尾津喜之助親分に不義理を働いた子分を、関口初代が配下らに命じて殺害したのだ。結果、関口初代は懲役13年の判決を下され、10年間の獄中生活を強いられたのである。関口初代のとったこの行動に恩義を感じた尾津親分は、戦後になり、池袋を拠点としていた関口初代の新宿への進出をあと押しし、かつての恩に報いたのだった。

池袋、新宿を足場にして、関口初代は勢力を拡大していく。組織を大きくするために各地の庭場（露店を出すことができる寺社）を抗争によって奪っていったのだ。

61年、関口初代は「極東愛桜連合会」を結成。組織名の「愛桜」は、関口初代の名前の〝愛〟と、桜井親分の〝桜〟から取ったものだ。「極東」という名称は、関口初代がつけたもので、戦前に東京の大塚に開いた〝極東秘密探偵局〟に由来する。組織の名称には日本だけではなく、東南アジアや東アジアを含めた極東地域で活躍するという気宇壮大な心意気が込められていた。

極東愛桜連合会は、関口、桜井、さらには飴徳《あめとく》という極東一門を一本化しただけではなく、東北地方にも進出し、関東を中心とする東日本一帯にその勢力を誇るまでになった。

一方、日本街商組合連合会、東京街商協同組合最高顧問なども務め、テキヤ業界の発展のためにも力を尽くした。

62年、極東愛桜連合会はテキヤ組織としては唯一、警視庁広域7団体の指定を受けた。66年までに185団体4056人の大勢力になっていたことから、第一次頂上作戦の標的となり、ついに67年、解散を余儀なくされた。同年に関口初代は亡くなるが、極東愛桜連合会は、極東関口会と名を変えて存続し、90年には極東会となり、その遺志はいまに受け継がれている。

「独眼竜」で知られた若き日 愛国心で名門を再建する

森田政治

日本国粋会初代会長

1913―1987

もりた・まさじ●1913年、東京都生まれ。銀座の魚屋の倅《せがれ》で生粋の江戸っ子。20歳のときの博徒との争いで、額から左目、唇まで斬りつけられ左目を失明。その武闘派ぶりと容貌から「独眼竜の政」の異名をとる。生井一家・篠原八代目の子分となり、頭角を現す。終戦後、篠原親分の代理として兄弟分の高橋岩太郎・落合一家六代目とともに日本国粋会の再建に尽力、初代会長に就任。64年には三代目山口組・地道行雄若頭と五分兄弟となる。87年死去、享年74。

ヤクザに愛国者は多く、また、多くの任侠系右翼活動家が存在する。いまではそんな状況が当たり前だが、その嚆矢《こうし》ともいえるのが、日本国粋会の森田政治初代会長だ。

そんな森田会長も青年時代は武闘派で知られ、20歳のときには日本橋の博徒と争い、左目を失明してしまう。渡世人としてのスタートは、歴史をたどれば18世紀の江戸時代まで遡《さかのぼ》る名門・生井一家の篠原縫殿之輔《ぬいのすけ》八代目に縁を持ったことだった。昨今のヤクザと違うのは、渡世人になりたいといっても、「はいそうですか」とはいかなかったことだ。この頃、すでに暴れん坊として有名だった森田会長も、部屋住みとして文字通り雑巾がけを行い、その後に子分として認められた。部屋住みは3年に及んだというから、時代を感じさせる話である。

無事、渡世人となった森田会長だったが、些細なことから傷害事件を起こし収監されてしまう。しかし、ときはまさに大東亜戦争真っ只中とあって召集を受け、辛い兵役を経験することになった。まさに国とはなにかを身をもって経験したことが、森田会長に大きな影響を与えた。

終戦後、日本に共産主義の波が押し寄せると、まだ政府としての体をなしていない日本には防共の砦が必要になってくる。そのために、大正時代にあった愛国団体・大日本国粋会の復活が望まれるようになった。

この大日本国粋会の復活こそかなわなかったが、60年安保で揺れる東京に日本国粋会を再建したのが、森田会長と兄弟分である落合一家の高橋岩太郎六代目であった。

1958年7月に品川プリンスホテルで行われた結成式には、再建者の出身母体である生井一家や落合一家はもちろんのこと、東京の錚々《そうそう》たる名門組織、それに翌年、設立された全日本愛国者団体会議（全愛会議）初代議長になる、濱口雄幸首相襲撃で知られた右翼の大物・佐郷屋《さごや》嘉昭氏などが出席している。

このように愛国者としての行動が際立つ森田会長だが、もちろん、ヤクザとしても筋が通っている。森田会長と懇意だった作家の故・百瀬博教氏は格闘家・前田日明との対談（『格闘パンチ』Vol.2）で、神戸で森田会長と三代目山口組・地道行雄若頭に会ったときのエピソードをこう語っている。二人が兄弟盃を交わすときで、稼業の先輩との盃を気づかう地道若頭に森田会長はこう迫ったという。

「森田政治は地道行雄の襟をグッと持ったんだよね。『おい地道、何言ってんだ！ 俺はお前が好きなんだよ。お前に惚れてんだよ。だからお前と兄弟分になったんだよ。それがイヤならここで別れよう！』って」――まさに、俠客《きょうかく》である。

日本のヤクザ⑫

田岡三代目の教えを胸に苦難の道をひたすらに邁《まい》進《しん》

司忍

六代目山口組組長
弘道会初代会長

1942—

つかさ・しのぶ●1942年、大分県生まれ。高校卒業後、63年頃に三代目山口組直系組織・弘田組（弘田武志組長・故人）に入った。84年、竹中正久四代目組長の誕生とともに引退した弘田組長から、同組若頭だった司六代目が地盤を引き継いで弘道会を結成し、山口組直参に昇格。89年に渡辺五代目体制で若頭補佐に任命された。2005年に弘道会を髙山清司若頭に譲って山口組若頭に就いたのち、六代目組長を継承。同年に銃刀法違反の罪で服役し11年に出所した。

司忍六代目は地元大分の水産高校を卒業後、水産会社に就職したが、1963年頃に名古屋に出て弘田武志組長が率いる弘田組に入門したという。弘田組は田岡一雄三代目の舎弟を務めていた鈴木光義組長が統率する鈴木組の傘下組織で、当時、弘田組長は同組の若頭の地位にあった。

66年に鈴木組長の引退を受け、弘田組長が地盤を引き継ぎ、同時に山口組直参に昇格して勢力を一気に増強させる。その際に最も貢献したとされるのが、同組で若頭を務めていた司六代目だった。数々の抗争において最前線で勇猛に戦ったが、なかでも69年に大日本平和会系組織との間で発生した「東陽町事件」では、敵対する傘下組織の幹部を日本刀で刺殺するという過激さを見せた。大きな戦勲によってヤクザ業界に司六代目の名は広まったが、その代償で事件の首謀者として懲役13年の刑を受けることとなったのだ。

長期刑を終え出所した翌年の84年、山口組では竹中正久四代目組長が誕生し、それに伴って弘田組長が引退。司六代目が地盤を引き継ぐかたちで「弘道会」を結成し、山口組直参に昇格した。まだ40代前半だったが、すでに山口組内では次世代を担う有望な若手として注目を浴びる存在だったという。竹中四代目体制の発足からまもなくして「一和会」との間で「山一抗争」が勃発したが、ここでも弘道会は過激な報復戦を展開し、武闘派がひしめく山口組でも屈指の戦闘力を誇った。

89年に渡辺芳則五代目体制がスタートすると、周囲の予想通りに若頭補佐に選出され、執行部入りを果たした。また、地元名古屋で弘道会は名門の独立組織を次々と吸収し、愛知県下に圧倒的な影響力を及ぼしたのだ。

2005年に突如として弘道会を高山清司若頭に譲って、97年の「宅見若頭射殺事件」以降、8年間も空席だった山口組若頭に就任し、業界中を驚かせた。そして、まもなくして六代目組長を継承した。だが、同じ年に97年に逮捕された銃刀法違反の罪が最高裁で確定し、刑務所へ収監されたのだ。

11年に出所すると、その足で田岡三代目が眠る長峰霊園を訪れ、墓石に手を合わせた。この様子はテレビ、新聞、雑誌などマスコミ各社が報じたためよく知られている。だが、実は83年に「東陽町事件」での服役を終えて出所したときも、人知れず真っ先に田岡三代目の墓石に訪れているのだ。そして、服役中の81年に亡くなった田岡三代目に対し、深い祈りを捧げたという。

15年に直系組長が13人離脱し、〝六神分裂〟という危機的な状況に陥っているが、長年にわたって信奉している田岡三代目の教えを胸に、六代目山口組を牽引している。

不世出の大侠客・田岡一雄山口組三代目。向かって左に控えるのは、
のちの四代目山口組・竹中正久組長。貴重なツーショットだ

第2章　荒ぶる獅子

田岡三代目の背中を追って「日本一の子分」のまま逝《い》く

山本健一

三代目山口組若頭
山健組初代組長

1925―1982

やまもと・けんいち●1925年、兵庫県生まれ。37年、小学校卒業後に大阪電気学校に入学。42年に卒業後、神奈川県の海軍工廠に勤務した。45年に陸軍に召集されたが終戦で神戸に戻った。51年、知り合った山口組幹部の組織に入門し抗争や懲役を経験。57年、田岡三代目から子の盃をもらって直参となった。田岡三代目の付き人を務めたのち63年に若頭補佐、71年に若頭に就任。大きな抗争で陣頭指揮を執ったのち、獄中で持病が悪化。82年に死去。

「日本一の親分」の田岡一雄三代目に心酔していた山健こと山本健一若頭は、終生「日本一の子分」に徹し続けた。

山健（山本健一）若頭が神戸の不良だった1951年、山口組若頭の安原政雄・安原会会長と知り合い、ヤクザ人生が始まった。その後、抗争事件での懲役から戻った57年、田岡三代目から盃を下げられ山口組直参に昇格。田岡三代目のボディガード兼秘書役を任された山健若頭は、さっそく有能ぶりを発揮する。

当時は電話にリダイヤル機能が付いていないため、子分らは電話番号を記したメモを携帯した。しかし、山健若頭は幼少時代に珠算に励んでいたことで数字に強く、記憶力が優れていたため、田岡三代目の主要関係先の電話番号を500件ほど暗記していたとされる。

また、田岡三代目は知り合いの親分衆らと徹夜で麻雀を打つことがたびたびあったが、その間、山健若頭は部屋の隅で、田岡三代目から要件をいつ言いつけられても対応できるよう正座で待機していたという。そして、睡魔に襲われると画びょうを太ももに突き刺したため、田岡三代目が麻雀を打ち終える頃には、いつも山健若頭の太ももは血だらけだった。

そこまで尽くせば田岡三代目も山健若頭をかわいく思うのは当然だった。71年に梶原清晴若頭が不慮の事故で死亡後、山本広若頭補佐（山広組組長）と、63年に若頭補佐に昇格していた山健若頭とが若頭の座をめぐり争った。山広（山本広）若頭補佐が当初は選ばれたが、山広若頭補佐の優柔不断な性格を知っていた山健若頭が「山広が若頭になるなら若頭補佐を降りる」と田岡三代目に直訴。その結果、田岡三代目の鶴の一声で山健若頭が選ばれたのだ。

若頭就任後、いっそう田岡三代目に仕えるようになった山健若頭は、75年に勃発した大阪の博徒組織・二代目松田組との「大阪戦争」で陣頭指揮を執るのだが、78年に危機に見舞われる。田岡三代目が松田組系傘下組織の鳴海清幹部に狙撃されたのだ。幸い軽傷だったが、ドンを狙われた山健若頭の怒りは鎮まらず、松田組に対し徹底した報復を指示し、圧倒的勝利を収める。そして、山口組総本部にマスコミを呼んで一方的に終結宣言をしたのだ。

だが、山健若頭にとり、これが最後のスポットライトとなった。記者会見を開いたことで警察当局の怒りに触れ、別件での事件の保釈を取り消され収監されてしまった。獄中で持病の肝臓病が悪化し、前年に亡くなった田岡三代目を追うように82年に亡くなったのである。

山口組四代目継承が確実視されていたが、ついに「日本一の子分」のまま旅立った。

銃弾に斃《たお》れた悲運の獅子
侠《おとこ》で貫いた202日間の軌跡

竹中正久

四代目山口組組長

1933―1985

たけなか・まさひさ●1933年、兵庫県生まれ。45年に父親が亡くなり家業が傾いたことで中学を中退し、暴行や傷害事件を繰り返した。60年には実弟らを含めた地元の不良らを結集し「竹中組」を結成。既存のヤクザ組織を恐れさせた。61年に田岡三代目から盃をもらって山口組直参となる。71年には若頭補佐に昇格。82年、山本健一若頭の死去後に若頭に就任し、84年に山口組四代目を継承したが翌年に射殺された。四代目山口組の竹中武若頭補佐は実弟。

1981年に田岡一雄三代目が逝去した翌年、ナンバー2の山本健一若頭・山健組組長があとを追うように亡くなった。その後、山口組では山本広組長代行（山広組組長）と、竹中正久若頭（竹中組組長）を中心とした執行部らによる集団指導体制がスタート。まもなく、この二人を推すそれぞれの一派の間で四代目組長のイスをめぐって激しい争奪戦が幕を開けた。

先に動いたのは山広（山本広）組長代行だった。82年9月に開かれた定例会の席上、四代目に立候補宣言したのだ。だが、すぐに山広派に反対する一派が竹中若頭を担ぎ上げて反撃態勢を整えた。さらに、竹中派は当時、兵庫県警から「三代目姐《あね》」と呼ばれるほど山口組内に厳然たる力を持っていた、田岡三代目の未亡人であるフミ子夫人を味方につけた。

そして、84年6月、フミ子夫人による強力なバックアップもあって、竹中若頭が四代目組長に推挙された。しかし、事前になりゆきを察知していた山広派は定例会をボイコットし、報道陣らを呼んで竹中四代目を認めないとする記者会見を開いたのである。翌7月、盛大に継承式が執り行われ、晴れて竹中四代目が誕生。対する山広派は山口組を離脱し「一和会」を結成した。これにより「山口組vs一和会」という対立の構図ができあがり「山一抗争」が勃発する。

当初は優勢だった一和会だったが、次第に山口組に巻き返され、櫛の歯が抜けるように一和会から離れる親分も出始めた。窮地に追い込まれた一和会は、ヒットマンらを竹中四代目の愛人が住むマンションの一室に送り込み、偶然一緒に訪れた中山勝正若頭（豪友会会長）らとともに竹中四代目を射殺するのだ。その後、竹中四代目の敵討ちに燃えた山口組によって、一和会は完全に息の根を止められ、89年に山一抗争は終結する。

竹中四代目は武闘派と恐れられた反面、暇さえあれば法律書を読んで勉強し、警察当局による強引な捜査に対し、法律を盾にして徹底的に抵抗したという。また、ヤクザの道にまっすぐだったことから、愛人はつくったが生涯独身を通した。その一方で刺青を入れないなど、それまでのヤクザ像とは異なる独自のスタイルも貫いたのだ。

さらに、ボディガードを引きつれることも非常に嫌がったとされる。そのことが手薄な警備のすきを突かれた射殺事件の遠因になったともいわれているが、生前のインタビューでは「俠《おとこ》で死にたい」と話しており、まさに言葉通りの死にざまだった。

わずか202日間という短命の竹中政権だったとはいえ、司六代目が直参に昇格するなど、現在につながる勢力の基礎が育まれた世代と認識されている。

日本のヤクザ⑮

実兄の無念を終生忘れず最期まで貫いた侠《おとこ》の意地

竹中武

四代目山口組若頭補佐 竹中組組長

1943—2008

たけなか・たけし●1943年、兵庫県生まれ。小学生の頃から兄の正久組長（山口組四代目）が結成した愚連隊に加わって一緒に暴れていたという。62年には十代で岡山に進出し、「岡山竹中組」を創設した。84年に兄が山口組の四代目組長に就任すると姫路の竹中組を継承し、山口組直参に昇格。85年に竹中四代目が一和会に射殺されて以降、一和会に執拗に報復を重ねた。89年に山口組から離れたが、独立組織として活動を継続させた。2008年に死去。

実兄の正久組長（竹中正久・四代目山口組組長）らもヤクザとなったが、素質は竹中兄弟のなかで弟の武（竹中武）組長が最も恵まれていたといわれる。1953年、少年院から戻ってきた正久組長は、小学生の武組長のほか、近所に住む不良仲間を集めて愚連隊を結成。59年に中学校を卒業した武組長は、まだ少年ながら本格的に正久組長を支えて同時にシノギにも注力。61年、18歳のときには空き家を借りて売春宿の経営を開始したのだ。

同じ年、正久組長は山口組の地道行雄若頭から推薦を受け、田岡三代目より子分の盃をもらって山口組直参に名を連ね、竹中組も直系組織としてスタートした。62年には武組長はヤクザ激戦区の岡山に「岡山竹中組」を立ち上げて進出。70年代から80年代にかけ竹中組は多くの事件に関与し、その高い戦闘力と団結力をいかんなく発揮して組織を増大させた。正久組長も山口組で順調に出世を続け、若頭補佐、若頭を経て、ついに84年には田岡三代目亡きあとの四代目組長に就任した。それに伴い、武組長は竹中組の跡目を継承し山口組直参に昇格したのだ。

しかし、竹中正久四代目を認めない山本広組長代行の一派が山口組から離脱し「一和会」を結成し、「山一抗争」が勃発。そして、85年に一和会系ヒットマンらによって竹中四代目は射殺されたのである。武組長は弔い合戦に全勢力を傾け、竹中組は一和会に大きなダメージを与えた。だが、他組織による和解交渉が始まっても武組長は山広（山本広）会長の首を狙い続けたため、山口組からも疎ましく思われてしまったのだ。

89年に武組長は四代目山口組の若頭補佐に任命されたが、この人事は抗争での勲功を讃える一方、もう騒がないでほしいという上層部からの圧力でもあった。だが、それに従う武組長ではない。山広会長が山口組本家に詫びを入れ引退を表明し、渡辺五代目体制が発足しても山広会長を追い続けたのだ。扱いに困った山口組上層部は、武組長について「山口組から脱退した」と他団体に発表。その結果、山口組と竹中組との間では過激な「山竹抗争」が起きたのである。

抗争は90年まで続き、警察から徹底的な取り締まりを受けた竹中組は本部を姫路から岡山に移した。以降、武組長は岡山に腰をすえて独立団体として歩んでいく。迷彩服に身を包んだ武組長が、岡山の街でジープを走らせる姿は有名で、晩年にはマスコミにも登場し、竹中四代目について語ることもあったが、2008年に他界した。

長らく途絶えていた竹中組の名跡は、かつて武組長の側近を務めた六代目山口組幹部の安東美樹・二代目竹中組組長によって15年に復活を遂げている。

執行部のイスを蹴って離脱 神戸山口組を力強く牽引

井上邦雄

1948—

神戸山口組組長
四代目山健組組長

いのうえ・くにお●1948年、大分県生まれ。高校中退後、三代目山口組の初代山健組傘下の中野会（中野太郎会長）で渡世入り。その後、のちの五代目組長の渡辺芳則会長率いる健竜会に移籍。75年に大阪戦争に参戦、手柄の代償で長期刑に服した。2000年に出所し四代目健竜会会長に就任、三代目山健組若頭補佐にも任命された。05年に四代目山健組組長を継承し、山口組直参に昇格。同年に山口組若頭補佐に就いた。15年に山口組を離脱して神戸山口組を結成した。

高校中退後、地元の大分県を離れて関西に出た井上邦雄組長は、縁あって三代目山口組の初代山健組傘下の中野会に入門した。中野会を率いる中野太郎会長（のちの五代目山口組若頭補佐＝引退）も大分県出身ということもあって、井上組長をとても気にかけたという。

その後、のちに山口組五代目組長となる渡辺芳則会長が立ち上げた初代健竜会に預けられた。渡辺会長からも可愛がられた井上組長は、熱心に修業に励むとメキメキと頭角を現し、同会の理事長補佐に任命されたのだ。

1975年に大阪の博徒組織・二代目松田組との間で「大阪戦争」が勃発した。当時、懲役に服していた渡辺会長に代わって健竜会の陣頭指揮を執った。そして、78年に和歌山県内にある松田組系組織の組長宅を警備する組員2人を射殺する事件に関わった。この事件では健竜会組員が5人逮捕されたが、井上組長は首謀者として最も重い懲役17年の刑を受けたのである。

それ以前に関与した事件での執行猶予などが懲役に加算されたこともあって、出所したのは事件発生から22年が経った2000年のことだった。功労者として迎えられ、健竜会の四代目会長に就任。ならびに三代目体制となっていた山健組（五代目山口組若頭補佐・桑田兼吉三代目組長＝故人）では若頭補佐に任命された。

03年に桑田三代目が銃刀法違反の罪で懲役7年の実刑が確定すると、山健組の若頭に就任。この頃、桑田三代目とは養子縁組をして戸籍上でも親子になっている。05年に山口組で六代目体制が発足すると桑田三代目が引退。それに伴い井上組長は山健組四代目を継承して山口組直参に昇格すると、いきなり新設された「幹部」にも任命された。さらに、同年には司六代目が収監されたあとの執行部体制を強化させるため、若頭補佐として執行部入りを遂げた。また、阪神ブロック長として阪神ブロックに属する直系組長らの結束を強めることに専念していたのだ。

15年に山口組は創設から100周年を迎えて、神戸にある総本部で記念式典が開かれた。その席上、井上組長は司会進行役を務め、式典の盛り上げ役に徹していた。

しかし、同年に突如としてほか12人の直系組長らとともに山口組を離脱し、絶縁処分を受けた。同時に組長として兵庫・淡路島を本拠とする「神戸山口組」を結成した。

業界では非常に顔が広いことで知られ、独立団体のトップなどとも兄弟分に近い関係を結んでいる。そのため、神戸山口組に独立団体が参入するのではないかといった憶測は多々あり、動向が注目されている。

日本のヤクザ⑰

侠気《おとこぎ》に溢《あふ》れた土佐の極道 親分とともに血の海に沈む

中山勝正

四代目山口組若頭
豪友会初代会長

1937―1985

なかやま・かつまさ●1937年、高知県生まれ。60年代に県内で最大勢力を誇った三代目山口組舎弟の中井啓一組長が率いる中井組で渡世入り。すぐに自組織を旗揚げし領地拡大に専念する。61年に組織名称を豪友会と改めて中井組の若頭に就任した。72年には山口組直参に昇格し、77年には若頭補佐に任命された。84年に竹中四代目体制が発足すると若頭に就任し、片腕として尽力したが、翌年に竹中四代目とともに一和会のヒットマンに射殺された。

1958年に田岡一雄三代目の舎弟として山口組入りした、中井啓一組長が統率する中井組でヤクザになることは当時、高知の不良たちにとってステイタスだったという。中山勝正若頭もその一人として中井組の門を叩いた。入門後、ただちに組織を立ち上げ、持ち前の才覚を発揮し、若きリーダーとして名を馳せていった。

その声は市議会議員も務めた高知の名士である中井組長にも届き、61年には卓越した手腕に将来性を期待され、24歳の若さで若頭を任された。また、ほぼ同時期に自組織の名称を「豪友会」と改めて、新たなスタートを切った。

中井組長の下、修業を重ねて力量にさらに磨きがかかった72年には、中井組長らの推薦を受け、田岡三代目から盃をもらって山口組直参となった。終戦直後の田岡三代目体制当時ならともかく、70

年代に35歳での直参昇格は、異例のスピード出世だったといえる。さらに、77年には加茂田重政・加茂田組組長らと一緒に山本健一若頭を支えるため、若頭補佐を拝命しているのだ。

これだけ出世が早かったのは、中山若頭が率いる豪友会が勢力を日増しに拡大させていたからだった。別の見方をすれば、それは中山若頭の出身母体である中井組の陣地を徐々に浸食していることを意味した。いつのまにか、小規模グループだった豪友会は中井組の勢いに追いつき、ついには凌駕して、高知県内最大組織にまで拡張を遂げていたのである。

だが、この逆転現象は中井組長と中山若頭との不仲を助長させたとされる。84年に竹中四代目誕生を不服とする一派が山口組から離脱して一和会を結成。両組織間で「山一抗争」が勃発するが、一和会に中井組長が参加したことで両者の亀裂は決定的となる。

この竹中四代目の誕生と同時に中山若頭は山口組ナンバー2の若頭の座に就く。これは、竹中四代目が強く熱望したことで実現した人事だったといわれる。以前から竹中四代目は、若いながらもケンカができて、冷静沈着で頭の切れる中山若頭に注目していたという。田岡三代目が亡くなったのち、執行部による集団指導体制が始まる際、竹中四代目は若頭就任を打診されたが、いったんは固辞して自分の代わりに中山若頭を推したほどだった。

抗争とともに始まった四代目体制は荒波のなかを出航したが、中山若頭は全力で竹中四代目に尽くした。しかし、わずか半年余りで竹中四代目とともに、中山若頭は一和会のヒットマンが放った銃弾に斃《たお》れ、絶命するのである。

超スピード出世が、早すぎる死のためだったとしたら、あまりにも虚しすぎる。

頂上作戦禍の組織を統率 波間に消えた調整型若頭

梶原清晴

三代目山口組若頭
梶原組初代組長

1925―1971

かじわら・きよはる●1925年、兵庫県生まれ。高等小学校卒業後に工場で働いていたが不良となり、50年頃に山口組舎弟の坂口敬三・坂口組組長の若衆となる。同い年の山本健一組長とともに53年の鶴田浩二襲撃事件や54年の谷崎組との抗争で名を上げ、田岡三代目の直系若衆となった。63年に若頭補佐、68年に若頭に就任。警察当局による第一次頂上作戦で揺れる山口組をまとめる努力を重ねたが、71年に鹿児島県硫黄島で高波にさらわれ不慮の死を遂げた。

1950年代後半からの山口組全国進攻で指揮を執り、〝百戦百勝の猛将〟の名を残した地道行雄若頭が辞任したあと、そのあとを継いで若頭となったのが若頭補佐の一人だった梶原清晴・梶原組初代組長である。

梶原若頭は25年、神戸に生まれた。若い頃は川崎重工に工員として勤めていたこともあったが、工員生活になじめずに不良となり、25歳くらいの頃に山口組舎弟の坂口敬三・坂口組組長の若衆になったとされる。しかし、それ以前から地道若頭の下で活動していたともいわれている。そのため山口組の経歴からすれば、梶原若頭は地道系ということになる。

当初は、山口組興行部の手伝いをしていたが、同年生まれで山本健一・山健組初代組長とはとりわけ仲がよく、ウマの合うコンビだったようだ。事実、53年に引き起こされた、俳優の鶴田浩二襲撃事件や、翌54年の谷崎組との抗争で、谷崎組の野沢修若頭を襲撃し、ひん死の重傷を負わせるなど、二人は行動をともにすることが多かった。のちに田岡一雄三代目から若頭を任命された際も、真っ先に山健（山本健一）組長に協力を求めたという。谷崎組との抗争後、同一行動をとった梶原若頭と山健組長はともに懲役を背負って服役したが、これらの行動で名を上げた二人は出所後に田岡三代目の直系若衆に取り立てられ、63年には若頭補佐に登用されたのだ。

そして、68年には梶原若頭は地道若頭の後任として山口組若頭に就任。当時、梶原組はほかの若頭補佐たちが率いる組織に比べても、組織力はきわめて小さかった。だが、短気でケンカ早い半面、自我を無理押しせず、また説得力があって組織内のまとめがうまく、さらに頭も切れるといった人柄もあって、梶原若頭に反感や敵意を持つ者はいなかったという。田岡三代目が梶原若頭をナンバー2のポストに任命したのも、そうした梶原若頭の人間性と、まとめ役としての適性を見極めたうえでのことだったとされる。

この時期の山口組は、暴力団撲滅を掲げる警察当局の頂上作戦のターゲットとされ、組内にも組織の先行きに対する不安や動揺が広がっていた。〝一枚岩の団結〟を掲げた山口組は、こうした状況下で結束の要《かなめ》、信頼に足りる若頭を必要としていた。それがまさに梶原若頭だったのである。

梶原若頭はこうした期待に応え、組内をまとめ、組織を運営した。ところが、若頭就任から3年後の71年夏、磯釣りのために訪れた硫黄島で、高波に飲まれて溺死するという不慮の死を遂げた。この突然の事故死は、山口組に大きな衝撃を与え、以後の後継若頭選びにも多大な影響を及ぼすこととなった。

若頭の有力候補もかなわず山健組最盛期を力強く牽引

桑田兼吉

五代目山口組若頭補佐
三代目山健組組長

1939―2007

くわた・かねよし●1939年、大阪府生まれ。山本健一組長が率いた初代山健組で、渡辺五代目が興した健竜会に入門。82年に渡辺五代目が二代目山健組組長に就くと、二代目健竜会会長に就任した。89年に渡辺五代目体制の発足とともに、三代目山健組組長にとなり山口組直参に昇格。翌年には若頭候補として執行部入りを果たしたが、97年に銃刀法違反容疑で逮捕され、04年に収監された。翌年、司六代目体制の発足に伴い獄中で引退し、2007年に病死した。

大阪で不良として名を売った桑田兼吉若頭補佐は、山本健一組長が率いる初代山健組で、のちに山口組五代目組長となる渡辺会長が興した健竜会に入門し、ヤクザ人生をスタートさせた。その後、渡辺五代目が山健組の若頭に就任すると同時に健竜会の副会長に就いた。

1982年に山健初代組長が亡くなったことに伴い、渡辺五代目が二代目山健組の組長に就任する。それを受けて桑田若頭補佐は二代目健竜会の会長に就任。また、二代目山健組では若頭代行に抜擢され、さらにまもなくしてナンバー2の若頭に昇格したのだ。渡辺五代目の有能な片腕として日々奮闘を重ね、目覚ましい活躍を見せた。それにより、山健組はいっそうの拡大と充実を遂げた。

そして、89年に渡辺五代目体制が始動すると、山健組三代目を継承して、山口組直参の一員にも名を連ねたのである。直参昇格後、すぐに組長秘書に登用され、ここでも渡辺五代目の側近として十二分に能力を発揮させた。翌年には早くも若頭補佐に任命されて執行部入りを果たすなど、上層部からの期待も高く、「将来は山口組を背負って立つ」と多くの親分衆から目されていたという。

事実、同じ年には広島の独立団体・三代目共政会の沖本勲理事長（のちの四代目会長・故人）との間で五分義兄弟盃儀式を執り行っている。さらに96年には、京都の独立団体・会津小鉄四代目の図越利次若頭（のちの五代目会長）を加えた五分の三兄弟盃儀式を改めて執り行うなど、山口組が推進する平和共存路線の旗振り役も担っていた。

だが、97年になると順風満帆だった歩みに暗雲が立ち込め始める。都内の路上で桑田若頭補佐ら一行が車に乗っていたところ、警察の検問を受けた。その際、ガード役の組員らの乗る後続車両から拳銃が発見されたことで、組員が銃刀法違反で現行犯逮捕され、桑田若頭補佐も共同所持容疑で逮捕されたのだ。

その後、最高裁まで無実を争ったが、2003年に懲役7年の実刑判決が確定。病気療養を理由に拘置や収監の執行停止を受けていたが、翌年には刑務所に収監された。

05年、一緒に若頭補佐として渡辺五代目体制を支えた司六代目が、渡辺五代目の跡目を継承して六代目体制が発足すると、獄中で山健組の跡目を井上邦雄若頭（現・神戸山口組組長）に譲って引退した。

07年に病気が悪化したため、刑の執行停止で獄外の病院に搬送された。ただちに治療が施されたが、翌月、息を引き取ったのである。後日、山口組組葬に準じる葬儀が催され、多くの山口組関係者に見送られて旅立った。

「ケンカ太郎」の異名轟く
渡辺五代目へ不動の忠誠心
中野太郎
五代目山口組若頭補佐
中野会会長

1936―

なかの・たろう●1936年、大分県生まれ。若くして大阪に出てヤクザ人生をスタート。その後、縁あって山本健一・山健組組長が率いる山健組に入門した。82年に渡辺五代目が二代目山健組組長に就任すると舎弟頭補佐を務めた。そして、89年に発足した渡辺五代目体制で山口組直参に昇格。だが、97年に起きた「宅見若頭射殺事件」で、実行犯らが中野会系組員だったため絶縁処分を受けて中野会は独立。2003年には脳溢血で倒れた。05年に中野会解散。

大分に生まれた中野太郎会長は若い時分に大阪へ出ると、とある組織で渡世入りした。しばらくして、のちに山口組若頭となる山本健一・山健組組長が率いる山健組に舎弟として入門。渡辺五代目と知り合い、そこから長く一緒にヤクザ人生を歩むことになる。

1970年に渡辺五代目が強豪ひしめく山健組内で健竜会を興してからは、相談役に就いて支えた。82年に山健（山本健一）初代組長が亡くなり、渡辺五代目が山健組の二代目組長を継承すると、中野会長は舎弟盃を交わし、舎弟頭補佐に就任して引き続き渡辺五代目に尽くしたのだ。

さらに、89年に山口組で渡辺五代目体制がスタートすると、中野会長は直参に取り立てられ、京都に地盤を構える中野会は晴れて直系組織となった。すぐに秘書役を任され、側近中の側近として全幅の信頼を置かれた。翌年には若頭補佐として最高幹部に名を連ね、新設の「風紀委員」に任命されるなどスピード出世を果たした。また、中野会長は昔気質《かたぎ》でケンカに強いが、義理人情に厚く子分思いの面もあることから、中野会には組員が数多く集まり、その団結力や戦闘力は山口組でも随一とされた。

92年、中野会と、京都の独立老舗団体の会津小鉄四代目（現・六代目会津小鉄会）との間で抗争が勃発。これが引き金となって、96年には京都の理髪店で、散髪中の中野会長が会津小鉄系組員らに銃撃される事件が起きた。幸い無傷だったが、山口組の宅見勝若頭が、中野会長には相談せずに会津小鉄との間で手打ちしたことで、中野会長は宅見若頭に対し怒りを覚えたとされる。

そして、97年に宅見若頭が中野会系組員で構成されたヒットマンらに射殺されるという衝撃の事件が発生した。事件直後は中野会長に復帰もありえる破門処分が下ったが、この処分には渡辺五代目の温情が込められていたという。

だが、流れ弾に当たった一般人が数日後に亡くなったため、社会に対し厳しいケジメが必要との声が組織内から上がったのだ。渡辺五代目もかばいきれなくなり、ヤクザ社会からの永久追放を意味する絶縁処分に変更されたのである。

中野会は独立団体となったが、宅見組系組員からの攻撃は相次ぎ、最高幹部らは次々と血の海に沈んでいった。それでも意気軒昂だった中野会長だが、2003年に脳溢血で倒れると、05年には解散届を警察に提出し、中野会の武闘の歴史にピリオドを打った。「ワシのことは五代目が全部わかってくれている」と周囲に語り、渡辺五代目からの超法規的措置を待ち望んでいたが、その渡辺五代目も12年に亡くなった。現在、中野会長は療養生活を送っているという。

日本のヤクザ㉑

草野高明

堅持した侠客《きょうかく》のプライド 親子の断絶を乗り越えて統一

二代目工藤會会長
草野一家総長

1922―1991

くさの・たかあき●1922年生まれ。幼い頃から不良として暴れ回り、10代で工藤組長と知り合い子分となった。戦後、本格的にヤクザとして動き出し、工藤組内に立ち上げた草野組では子分が増大した。63年の山口組系組織との抗争で長期刑に服す。獄中から工藤組脱退と草野組解散を工藤組長に無断で発表し関係が悪化した。77年に出所し草野一家を創設すると、79年から工藤会と流血抗争を繰り返すが、87年に和解し組織は統一された。91年に息を引き取った。

草野高明総長（のちの二代目工藤會会長）は、少年時代から血の気が多くケンカばかりしていたが、情が深かったため人望に厚く、周囲には必ず仲間がいたという。そのため、戦前に工藤組（工藤會の前身）に入門し、工藤玄治組長（のちの工藤會初代会長）と姐さんと3人で四畳半一間から始めたときも、すぐに5人ほどの若い者を抱えるようになった。

1950年代には、対立する地元組織に実弟を殺害される悲劇を経験。また、その組織が、60年代に九州に進出してきた山口組の傘下に入ったことから、山口組を敵に回しての戦いを強いられた。だが、少しも怯《ひる》むことなく挑み続けたのだ。

抗争後、戦勲の代償として長期刑を受けて刑務所に入ったとき、子分として親を思う気持ちが自然とあふれ出た。時代は東京オリンピック開催を間近に控え、警察当局は暴力団対策に本格的に乗り出した頃だった。そのため、草野総長は捜査が親分の工藤組長にまで及ぶことを警戒。工藤組長には黙って、工藤組からの脱退と草野組の解散を宣言したのだ。

だが、草野総長の帰りを待っていた工藤組長は混乱する。時間はかかっても再び自分を支えてくれると信じていただけに、裏切られた思いが強かった。草野総長も風の便りに工藤組長が激怒していることを知り、「実の親兄弟よりも長くつきあってきたのになぜわかってくれない」と投げやりになり、二人の心は離れた。

77年に出所すると草野一家を立ち上げ、かつて命を取り合った山口組と接近し始めた。工藤組から改称した工藤会にとってはそれが余計に腹立たしく、79年から両者間で火の手が上がるようになった。81年には小倉の繁華街・堺町で、それぞれ若い者を連れた草野一家若頭と工藤会理事長が偶然に出会って、口論から壮絶な銃撃戦に発展。双方のナンバー2同士が絶命するという「堺町事件」も起きた。

一時は共倒れも危惧された両組織だったが、87年には和解し、「工藤連合草野一家」(のちの工藤會)として組織統一を実現。工藤組長と草野総長は再び同じ屋根の下に収まったのである。

90年に草野一家時代からの右腕だった溝下秀男若頭(のちの三代目工藤會会長)に跡目を譲ると翌年に他界した。骨肉の争いの真っ最中でも、若い頃から世話になった工藤組長の姐さんのため、自転車に乗って工藤家を訪れては小遣いを渡していたという。一方、ある取り調べで捜査員が草野総長の職業欄に「暴力団」と書いたことを許せず、「俠客と書け!」と怒鳴ったこともあった。草野総長は自分の気持ちに抗うことなく、つねにまっすぐを貫いたヤクザだった。

山道抗争で有名な超武闘派組織を一代で築き上げた

古賀磯次

道仁会初代会長

1934―2009

こが・いそじ●1934年、福岡県生まれ。家業は農家で地主。学業優秀で地元で競争率が高かった久留米商業に入学。52年、両親が相次いで亡くなる。その年、柔道で全国優勝。地元の信用金庫に学校推薦で入行。2年ほどで退社し、地元で特殊飲食店を経営していた博徒の世利喜三郎親分の部屋住みとしてヤクザの道に踏み出した。71年に道仁会を結成し会長となる。86年に山道抗争が開始され、2カ月の間に死者9名、16人の負傷者を出す。2009年死去。

福岡・久留米を本拠地とし、相手がどんな大組織であれ怯むことなく戦う〝超武闘派組織〟として知られる道仁会。その創設者が古賀磯次初代会長である。

道仁会が全国的に名が轟くきっかけとなったのは、1983年に起きた住吉連合会との抗争である。それ以前にも九州において、78年には大牟田に拠点を持つ馬場一家、80年に伊豆組、82年に久留米の向山一家と、つねに抗争にはこと欠かず、血気盛んな組織として知られた存在だった。

住吉連合会と抗争の火種になったのは、住吉連合会から破門になった傘下組織のトップが古賀会長を頼ってきたことにあった。破門者に手を差し伸べることは、相手の組織にケンカを売るも同然だったが、頼って来る者を放っておくことはできなかった。その振る舞いにこそ、古賀会長という男の生きざまが貫かれている。終生、古賀会長は配下の者たちに「自分たちは商人ではない、損得勘定で動くのではなく、仁義を貫かなければならない」と言い続けてきた。

86年に勃発した四代目山口組伊豆組（舎弟頭補佐・伊豆健児組長＝福岡）との山道抗争は、さらに道仁会の名を高めた。銃弾だけでなく、手榴弾も投げ込まれた抗争では、たった2カ月間に死者9名、負傷者16名を出したが、両組織にはまったく譲る気配がなかった。

この抗争においても古賀会長は大物ぶりを発揮する。古賀会長は抗争とは無関係の事件により名古屋刑務所に収監されていた。そこへ長引く抗争に苦慮した福岡県警の首脳が訪ねて来たのだ。警察の力では抗争を止めることができず、最後は収監されていた古賀会長の力を頼るしかなかったのである。87年に古賀会長が名古屋刑務所を出所すると、激しかった山道抗争は途端に沈静化した。

古賀会長の経歴は、一風変わっている。生家は地主で、高校は久留米の優秀な生徒が集まる久留米商業で、高校在学中に両親が亡くなったために大学進学は断念した。柔道で高校日本一になっていることから、授業料免除で大学から誘いがきたが、小遣いまでは出ないということから久留米信用金庫に入る。しかし、信金の支店長は一般銀行の定年退職者で占められ、叩き上げの職員には支店長になるチャンスはなかった。先が見えてしまったことに嫌気が差し、己の器量と努力でのし上がれる極道の世界に魅力を感じたのだった。

義理と人情を重んじ、己のメンツのためには、相手が誰であってもとことん戦い抜く。そうした生きざまの背景にあるのは、わずか2年という短い時間であったが、カタギの世界に生きたことが影響しているのではないか。理不尽なカタギの世界では実現できない、理想を求めて任侠道に殉じたのかもしれない。２００９年に久留米市内の病院で死去。享年74だった。

在京組織で屈指の武闘派「不夜城」歌舞伎町を支配

加藤英幸

住吉会総本部長
幸平一家十三代目総長

1947—

かとう・ひでゆき●1947年、福島県生まれ。福島県立福島高校から国士舘大学に進学。幸平一家池田会に縁あって渡世入りした。のちに幸平一家池田会の若頭補佐に就任。加藤連合を結成し会長に就き、新宿・歌舞伎町を拠点とする武闘派組織として広く知られ、アジア有数の歓楽街の顔役となる。2007年に住吉会屈指の老舗団体である上部組織の幸平一家十三代目総長に就任。15年の山口組分裂の直後に神戸山口組を訪問し、大きなニュースとして報道された。

1990年代半ばから後半にかけて、新宿歌舞伎町に山口組系組織が多数進出した時代、それに対し、最も抵抗を見せたのが歌舞伎町に拠点を持つ加藤連合（現・加藤連合会）だった。

とくに五代目山口組直系組織の太田会（現・神戸山口組直系の太田興業）とは激しく対立。路上での乱闘事件や、違法カジノの用心棒をめぐる争いなど多くの小競り合いを繰り返した。しかし、それが逆に縁となったのか、現在では山健組を中心とする神戸山口組と親しく交流しているのだ。

加藤英幸総長の名前は、幸平一家傘下の池田会の時代からよく知られ、武闘派の代表格として多くの抗争事件で取り沙汰されていた。池田会はもともと、池田烈会長という伝説的な武闘派親分に率いられた組織で、有望株がひしめいていたが、そのなかでもとくに目立っていたのが加藤総長だった。

加藤連合を結成し歌舞伎町に拠点を置いてからは、地回りを積極的に行っていたという。名家名門が集う住吉会でも、とりわけ長い伝統と、強い団結力を持つ幸平一家を継承するのは、早い段階から確実視されていた。

しかし、バリバリの武闘派でありながらも、容貌は温和な雰囲気を保ちオシャレであることで知られ、歓楽街では非常に人気があり、恐れられながらも愛されているというのが多くの業界人が感じる印象のようだ。多くのクラブが林立する歌舞伎町では、幸平一家がらみのトラブルが頻発したが、紳士的な面もまたよく知られているのである。

2002年に住吉会の副会長として初めて執行部入りを果たし、05年には風紀委員長に大抜擢された。その後、住吉一家の福田晴瞭七代目総長が誕生した際に、人事改変で審議委員長に任命され、06年には渉外委員長を拝命した。

そして、07年に加藤総長が大名跡である幸平一家の十三代目総長に就任してから、組織はさらに拡大し、新宿や東中野一帯で力を誇示した。傘下には大昇會や加藤連合会、義勇会などの有力組織を抱えている。山口組でさえその戦闘力には一目置いているとされるほどで、名実ともに関東トップの武闘派組織といっても過言ではない。

住吉会次期会長の呼び声も高いが、同時に幸平一家が離脱して一本の組織になるのではという噂もあり、いまの関東ヤクザ界で一番注目されている人物である。

山口組分裂時に神戸山口組に参加するという噂が信憑性高く流れたこともあった。その動向は一人のヤクザとしてだけではなく、巨大組織のトップとしても、ヤクザ社会はもとより警察関係者からも注視されている。

横浜愚連隊四天王として草創期の稲川会を支えた
林喜一郎
稲川会会長補佐
林一家初代総長
1920―1985

はやし・きいちろう●1920年、神奈川県生まれ。小学校卒業後、奉公に出されるが、ケンカを繰り返し愚連隊に入る。40年、中国に出征。47年、捕虜生活を終えて帰国し、弟の三郎が率いていた愚連隊を引き継ぎ、横浜愚連隊四天王と呼ばれる。51年、稲川会の稲川聖城会長の舎弟となる。61年、岐阜にある池田一家の坂東光弘幹部が傘下に入る。63年、グランドパレス事件で山口組との対立が決定的となる。72年、稲川会会長補佐に就任。85年に65歳で死去。

戦後の横浜に生まれた愚連隊。その多くは戦後混乱期の一瞬を駆け抜け、華々しく散っていった。「横浜愚連隊四天王」と呼ばれ、稲川会最高幹部まで上りつめた林喜一郎総長は珍しい例といってもいいだろう。身長は170センチを超え、体重は100キロという戦前の生まれにしては堂々とした体軀で、また性格も豪胆だった。厄旅《やくたび》を続けているときには、その土地の親分を訪ねては金を出させるほどだったという。いつしか、林総長は〝夜の横浜市長〟と呼ばれるようになった。

生家は横浜で10人兄弟の長男。家は貧しく小学校卒業後には鉄筋屋に奉公に出された。鉄工所勤めの傍ら、横浜の繁華街・伊勢佐木町でのケンカで名を上げた。1943年、中国に出征、47年に帰国すると、進駐軍の倉庫から物資を盗み、中華街で売りさばく者たちからカスリを取りシノギとした。50年、朝鮮戦争が始まると、休暇でやって来る米兵を相手に売春宿を経営。軌道に乗り始めると若い衆も集まるようになった。この最中にシマをめぐるトラブルで、のちに稲川会の幹部となる吉水金吾氏と一触即発の事態となるが、稲川聖城会長の兄貴分・横山新次郎親分の仲裁で寸前に回避された。この事件後、「モロッコの辰」ことのちの稲川会幹部の出口辰夫氏の薦めもあり、林総長は稲川会長の若衆となった。林総長は稲川会長と会ったとき、途方もなく大きな人物に見え、生涯仕えようという気になったという。

59年、ナイトクラブ「ブルースカイ」で山口組の田岡一雄三代目と歓談していた美空ひばりに、稲川会の出口幹部の舎弟が歌をリクエストしたところ、断られたことから騒動が起きた。その後、田岡三代目一行は神戸へと戻ったが、組員150人を横浜に送ったのだ。このとき、林総長は一戦交える気でいたが、稲川会長と田岡三代目のトップ会談で事態は収束。しかし、山口組の横浜への進出は続き、その矢面に立ったのが林総長だった。

63年、クラブ「グランドパレス」で林総長ら稲川会の幹部と、三代目山口組直系井志《いし》組の井志繁雄組長が居合わせた。井志組長が酒を贈ってテーブルに挨拶に来たが、林総長は酒を受け取らなかったことから井志組長は激昂。すぐに組員たち20人を呼び、林総長らともみ合いとなった。64年、抗争の激化とともに警視庁による第一次頂上作戦が始まると、65年に林総長は賭博開帳容疑で逮捕される。68年には稲川会長が逮捕されたため、会長代行を林総長が務めた。

72年、稲川会長が出所すると、両幹部の結縁などで山口組との融和が進んだが、林総長の威厳は不変だった。稲川会を支え続けてきた林総長であったが、85年に稲川会長が代目を譲って総裁になると、それを見届けたかのように1カ月後に息を引き取ったのである。

日本のヤクザ㉕

横浜愚連隊四天王の一角 喧嘩不敗の「モロッコの辰」

出口辰夫

稲川組幹部

1923―1955

でぐち・たつお●1923年、宮崎県生まれ。幼少時に両親を失い、尋常小学校卒業後に兄夫婦が暮らす横浜市鶴見区潮田に預けられる。夜間の工業高校に入学するとボクシングジムにも通い始めた。その頃からケンカに明け暮れるようになり横浜で名前が知れ渡る。46年、恐喝事件により刑務所に収監。翌年出所し各地の賭場を荒らし回る。48年頃に稲川組（のちの稲川会）の稲川聖城会長に出会って若い衆となった。55年、以前から患っていた結核により死去。享年34。

戦後の一時期、アウトロー社会を彩った愚連隊。その言葉の響きとともに、「モロッコの辰」こと出口辰夫（のちの稲川組幹部）氏を思い浮かべる人は少なくないだろう。戦後混乱期の横浜では、ヤクザ以上に不良青年たちのグループである愚連隊に勢いがあった。「横浜愚連隊四天王」と呼ばれたのが、モロッコの辰、井上喜人氏、林喜一郎氏、吉水金吾氏である。

出口氏は身長160センチに満たない小柄な体格だったが、工業高校に通いながら始めたボクシングの腕前によって、ケンカでは敵なしだった。ときには一度に10人を相手にしたこともあったという。なにより出口氏が人々に強い印象を残すのは、そのダンディな佇まいにもある。髪はポマードでオールバック、ソフトハットにスーツを着こなし、毎晩自らアイロンをかけた。進駐軍が多い横浜という土地柄もあり、海外モノを好んで着ていた。また、街を歩くときには、片手にはレモンを常備。出口氏は肺結核を病んでいて、効果があるというレモンをかじっていたのだ。

モロッコの辰というニックネームの由来については諸説ある。ゲイリー・クーパー主演の映画『モロッコ』に出口氏が惹かれて、その名がついたとされるが、出口氏の夫人によれば、宮崎から移り住んだ横浜・潮田の町が映画に出てくるモロッコの町と似ていることから、「潮田の辰」から「モロッコの辰」と呼ばれるようになったともいう。

1947年、懲役から戻って来ると、賭場を派手に荒し回った。負けがこんでくると、懐から2丁の拳銃を取り出し、それをカタに金を要求するのだ。ときには若い衆に名刺を持たせ、名のある親分の元に使いを出した。名刺には出口氏直筆のサインと必要な金額が書かれている。それを見ただけで、親分たちは黙って金を用意したという。ヤクザにも怖れられた出口氏だったが、賭場を荒らしたときに出会った、稲川会（当時・稲川組）の稲川聖城会長には心服し、誰の風下にも立たなかった男が自ら若い衆となっている。

何者をも怖れず自由奔放に生きたが、私生活では無口で、道を歩くときも目立たぬよう端を歩いた。一方で、肺結核は体をじわじわと蝕んでいた。酒は一切飲まなかったが、若い頃からヒロポンを常用していたこともあり、これが病魔の進行に拍車をかけた。結婚して2人の子どもにも恵まれたが、長男は4歳で結核によって、次男は3カ月で亡くなっている。ヒロポンを打ち続けるなど、破天荒な生きざまには、私生活における不幸も少なからず関係しているのだろう。

55年、華々しく横浜を駆け抜けた愚連隊のスターは、横須賀安浦にある借家の2階でひっそりと逝った。最後は痩せこけ、身の回りを世話していた子分は、あまりの軽さに涙したという。

日本のヤクザ㉖

獄中に山口組分裂の一報――ナンバー2の胸の内とは？

髙山清司

六代目山口組若頭
二代目弘道会会長

1947―

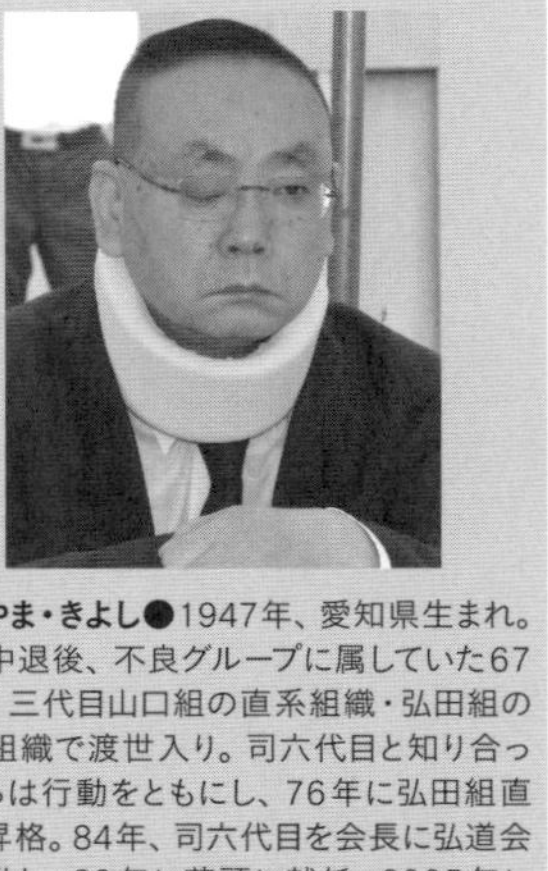

たかやま・きよし●1947年、愛知県生まれ。高校中退後、不良グループに属していた67年に、三代目山口組の直系組織・弘田組の傘下組織で渡世入り。司六代目と知り合ってからは行動をともにし、76年に弘田組直参に昇格。84年、司六代目を会長に弘道会が始動し、89年に若頭に就任。2005年に司六代目が山口組若頭に就いたため、弘道会の二代目会長となり山口組直参に昇格。同年、司六代目体制が発足し、若頭となった。14年から恐喝罪で服役している。

髙山清司若頭はケンカで高校中退後、不良となった1967年に、三代目山口組の直系組織である弘田組（弘田武志組長＝故人）傘下の佐々木組（佐々木康裕組長＝故人）に入り、ヤクザ人生を始めた。69年に大日本平和会系との間で起きた「東陽町事件」で、弘田組の若頭だった司六代目による陣頭指揮の下、髙山若頭も戦いに参加した。見事に報復を果たしたが、首謀者の司六代目は13年、髙山若頭は4年と、それぞれが懲役に服することになった。出所後には戦勲が認められ、佐々木組若頭に就任。76年には同組が改称した「菱心会《りょうしんかい》」で理事長を務め、弘田組の直参にも昇格。さらに80年には若頭補佐に推挙されたのだ。

84年に竹中四代目組長が山口組で誕生すると、弘田組長は引退し、跡目を司六代目に託した。司六代目は地盤を継承し、組織名称を弘田組長の一文字を冠した「弘道会」と改めた。髙山若頭は若頭補佐となり、全身全霊で司六代目を支えたという。

89年に渡辺五代目体制が発足すると、司六代目は若頭補佐に任命され執行部入りした。ほぼ同時に髙山若頭は弘道会で若頭に就任し、以来、長きにわたって弘道会と山口組においてトップとナンバー2のコンビが継続していくことになる。

この頃、名古屋では長い伝統を持つ名門一家の多くが弘道会の軍門に下ったことで、悲願の「名古屋統一」が実現。弘道会の勢力は揺るぎないものとなった。これら盤石な体制の維持に加え、山口組執行部の活動で多忙を極める司六代目に代わり、弘道会の組織運営を任されたことで、髙山若頭の類いまれな力量はさらに磨かれることになる。それにより、早い段階から司六代目の後継者と目され、その優れた手腕は他組織からも高く評価されたのだ。

2005年に司六代目が山口組若頭へ就任が決まると、髙山若頭は弘道会の二代目会長を継承して、山口組直参に昇格した。その2カ月後には若頭補佐に抜擢され、直参昇格からわずか4カ月後には、司六代目体制の発足と同時に山口組若頭の座に着いたのである。

超スピード出世を遂げた髙山若頭は、銃刀法違反の罪で懲役に赴いた司六代目の留守を預かり、山口組の舵取りに全勢力を傾けていた。ところが、10年に建設業の男性を恐喝した罪で逮捕・起訴され、14年には懲役6年の有罪が確定し収監されてしまったのだ。

山口組の分裂を獄中で聞いた髙山若頭は珍しく感情的になったという。服役期間はまだ3年ほど残っているが、出所するまでに六代目山口組と神戸山口組はどのような状態になっているのか、想像をめぐらせているかもしれない。

心中では苦悩が渦巻く!? 執行部の筆頭格として奮闘

橋本弘文

六代目山口組統括委員長
極心連合会会長

1947―

はしもと・ひろふみ●1947年生まれ。63年頃に大阪の独立団体に入門。団体解散後に橋本組を結成し、76年に初代山健組に移籍。82年に、のちの渡辺五代目が山健組二代目組長に就任し、新体制が発足すると橋本組を極心連合会に改名。その後、若頭補佐、若頭を歴任した。2003年には組長代行に就き山健組の拡大に貢献。05年に山健組から山口組直参に昇格し、2カ月後には若頭補佐として執行部入りする。12年からは統括委員長に就任し執行部を牽引している。

橋本弘文統括委員長は、1963年頃に大阪にあった独立団体の南一家吉田組に加入し、10代でヤクザになった。吉田組が解散したため、橋本組を立ち上げて活動していたが、ケンカで無敵を誇ったことから注目され、76年に三代目山口組の山本健一若頭が率いる初代山健組に加入した。

82年に山健（山本健一）初代が亡くなり、のちに山口組五代目組長となる渡辺芳則二代目体制が始動すると、橋本組を現在と同じ極心連合会に改め、山健組で若頭補佐や若頭代行の要職を歴任した。

89年には山口組で渡辺五代目体制が発足すると同時に、山健組では桑田兼吉三代目組長が誕生し、橋本統括委員長は若頭として組織の発展に尽力したのだ。山健組は山健初代が組織を拡大することにはそれほど熱心ではなかったが、渡辺二代目、桑田三代目が当代を務めた時代に一気に拡大し、山口組のなかで最大勢力を誇るまでに成長した。その理由としては、橋本統括委員長が最高幹部として、組長2人を全力で支えたからだと多くの業界人が認めている。

97年に桑田三代目が銃刀法違反容疑で逮捕され、社会不在になった際には留守を預かり、当時、総勢7000人を誇った大組織を実質的に統率する司令官を務めた。また、東京を中心に関東方面の山健組の進出にも多大な貢献を果たしたとして、橋本統括委員長の名は山口組直参に昇格する以前から、業界では広く認知されていた。ケンカで負け知らずといったイメージからも完全な武闘派だが、経済的なセンスにも優れ、また、ヤクザ業界以外に芸能界を含め、各界に幅広い人脈を築いていることでも知られている。

2003年に桑田三代目の有罪が確定し、長期服役が免れない状態になると組長代行に登用され、組長不在という危機を乗り越え、さらに組織の結束を高めた。渡辺五代目体制の最終盤の05年、満を持して橋本統括委員長は山口組直参に昇格する。そのわずか2カ月後には若頭補佐に抜擢されて、執行部入りするなど目覚ましい出世を遂げたのだ。

直後に司六代目体制がスタートしたが、約半年後に司六代目が刑務所に収監されてしまったため、執行部の一員として山口組の躍進を願って苦労を重ねたとされる。

12年には新設された「統括委員長」のポストに任命された。同年、高山清司若頭が恐喝罪による実刑で収監されたことから、若頭不在中の組織の要役である若頭代行の役目も担うこととなった。日夜、執行部を強力にまとめていたが、15年には最高幹部を含む直系組長の大量離脱を経験。同年の渡辺五代目の祥月命日法要後に連絡が取れなくなるなどのハプニングもあったが、現在も執行部の筆頭格として精進を重ねている。

突出した統率力と実務能力 昔気質《かたぎ》の一本気なヤクザ

寺岡修

神戸山口組若頭
侠友会会長

1949—

てらおか・おさむ●1949年生まれ。82年、三代目山口組直参・細田利明組長が率いた細田組傘下の侠友会と、五代目大嶋組との間で、淡路島を舞台に流血の「淡路島抗争」が勃発。若手の武闘派として一躍注目された。細田組解散後は六代目山口組顧問の西脇和美組長（故人）が率いた西脇組に加入。92年に直参昇格した。2015年に山口組を離脱した侠友会は、地元の洲本市に確固たる地盤を築いており、現在は神戸山口組の中核団体として、その重責を担っている。

寺岡修会長は、三代目山口組の直系組織だった細田組（細田利明組長）の出身。

細田組長は、三代目時代に山本健一若頭のもとで若頭補佐を務めた実力者の一人で、神戸市垂水区を本拠にして確固たる地盤を築いていた。のちに山口組組長となる竹中正久四代目とも親交が深く、竹中四代目の腹心とまでいわれた。

だが、83年に細田組長が現役引退を表明し、同時に組も解散となったため、傘下組員はそれぞれ、ほかの山口組系列に移籍。寺岡会長も縁あって、当時は山口組で本部長補佐を務めていた西脇和美組長の盃を受けて西脇組に加入したのだ。

寺岡会長が武闘派として一躍注目されるきっかけとなったのが、1982年、細田組と五代目大嶋組との間で発生した「淡路島抗争」とされる。この抗争は、当時の大嶋組が加盟していた反山口組の攻守同盟・関西二十日会（合田一家、松田組、忠成会、木下会、浅野組、共政会、工藤会）をも巻き込んだ全面戦争に発展するのではないかと危惧されたほど激化した。しかし、親睦団体である阪神懇親会が「時の氏神」となって和解。抗争終結後、淡路島に勢力を張っていた大嶋組が解散して以降は、西脇組に移籍した寺岡会長率いる俠友会が、洲本市を本拠に揺るぎない地盤を構築したのである。

こうした苛烈な抗争で一歩も退かない武闘派としての強烈なイメージがある反面、「昔気質で筋目を通す一本気なヤクザ」とも評され、直参昇格後は若手の実力派としてメキメキと頭角を現した。96年に「総本部当番長」に抜擢されると、すぐさま「組長秘書」にも登用され、戦後生まれの若手ホープとして、将来を嘱望されるようになり、早くから山口組の最高幹部候補と目されていた。

そして2005年に司六代目体制が発足すると、組織の要職である若頭補佐に就任。その直後から、数回にわたって当局からの嫌がらせともとれる逮捕が続いたが、いずれも社会不在は免れた。同年にはブロック長不在だった中国・四国ブロック長に就任し、06年からは大阪北ブロックのブロック長も務め、ブロック内の充実に注力。ブロックに所属する組織間の連携を深める努力を重ねたのだ。

長い期間にわたって執行部である若頭補佐の要職にあったが、12年に「舎弟」に直っている。そして、15年8月末に起きた分裂によって六代目山口組を離脱。現在は新たに結成された神戸山口組の若頭として、組織の舵取りを担う大役を務める。俠友会本部は神戸山口組の本部を兼ねていることもあって、毎月の定例会では多くの捜査員と報道陣に囲まれるなどの苦労も多いが、寺岡会長はそうした素振りを一切見せず、黙々と役目に取り組んでいるという。

日本のヤクザ㉙

田岡三代目の初めての子分「山口組綱領」の立案者

吉川勇次

三代目山口組若頭補佐
吉川組初代組長

1915―1977

よしかわ・ゆうじ●1915年、三重県生まれ。のちに神戸市に移住し、名門といわれる神戸二中に入学したが、父親の死により退学。終戦後の45年に田岡三代目が田岡組を立ち上げた際に参加した。市街地や闇市の警備のため「自警団」を結成し、闇市への不良外国人の干渉を排除しようと体を張って奮闘を続けた。46年に田岡三代目が山口組組長を継承すると、直参として山口組綱領の作成を発案するなど信頼を集めた。63年には若頭補佐に就任。77年に死去した。

田岡三代目時代に、絶大な信頼を集めた直系の若衆。それが「無茶者《むちゃもん》」との異名を持った吉川勇次・吉川組初代組長だった。1915年に三重県に生まれた吉川組長は、4歳のときに神戸に移り住んだ。

その後、31年に名門とされる神戸二中に進学したが、若き日の田岡一雄三代目とライバル関係となってケンカを繰り返す日々を過ごしたという。また、父親が死去したため、神戸二中を中退して港湾労働者として働いていたが、徴兵され近衛兵《このえへい》となった。

ところが42年に殺人未遂で服役。そして出所後の45年暮れに、田岡組を結成した田岡三代目の若衆となった。終戦直後の警察力が弱まったなか、田岡三代目とともに自警団を結成する。闇市に対する不良在日外国人の干渉を排除するなどの活躍を見せた。

46年に田岡三代目が山口組組長に就任すると、最初に親子の盃をもらったのがこの吉川組長だったという。最古参の若衆、かつ筆頭の若衆として、三代目時代の初期には若頭的存在として渉外担当にも任命された。その度胸と頭の切れのよさで数々の難交渉を解決し、存在感を示したのだ。田岡三代目の〝子飼いの若衆〟として田岡三代目からの信頼は極めて厚く、「和親合一」を基本方針とする、現在に至る山口組の憲法「山口組綱領」の立案者としても知られる。

63年に山本健一・山健組初代組長らとともに若頭補佐に就任。66年には兵庫県警が展開した山口組に対する「第一次頂上作戦」の最中、三ノ宮駅の地下街「さんちかタウン」建設をめぐって、建設を請け負った会社から、山口組若頭の地道行雄・地道組組長とともに山口組の岡精義舎弟を通じて用心棒代を出させたという恐喝容疑で吉川組長は逮捕され、若頭補佐を退任した。

この用心棒に関しては、本来は山健組長が担当を予定していたのだが、山健（山本健一）組長が刑務所に収監されてしまったため、地道若頭と吉川組長が担当したとされる。

この一件について「さんちかタウン建設の際に恐喝で奪った500万円のうちの300万円が田岡三代目に渡った」という地道若頭や岡舎弟らの供述が、田岡三代目を起訴するに至る突破口の大きな要因になったとされている。田岡三代目から全幅の信頼を寄せられていた吉川組長が、こうした田岡三代目の起訴につながるきっかけとなった事件に関わってしまったのは、皮肉な運命といえるのかもしれない。

その後、吉川組長は田岡三代目時代の77年に病死したが、六代目山口組直参の吉村俊平・四代目吉川組組長に、その系譜と伝統はしっかりと受け継がれている。

日本のヤクザ㉚

京を守った武士の魂を継ぐ 警察も頼った武力と胆力

図越利一

三代目会津小鉄会総裁
中島連合会会長

1913―1998

ずこし・りいち●1913年、京都府生まれ。小学校卒業後は親戚が経営する食肉工場に勤務。その後、愚連隊を組んで、35年にはケンカで相手を刺殺する事件を起こした。41年に京都屈指の名門である中島会に入って渡世入り。すぐに頭角を現し60年に二代目会長に就任。その後、京都に点在する組織を一本化させ「中島連合会」を結成した。75年には戦前に途絶えていた大名跡「会津小鉄」を復活させ三代目会津小鉄会の総裁に就任した。98年に病死。

幼い頃からやんちゃでケンカや博奕ばかりしていた図越利一総裁は、小学校卒業後に就職したが、不良気質が抜けずに子分を従えて愚連隊のリーダーになった。繁華街で暴力沙汰を繰り返していた1935年、ケンカで不良グループの一人を日本刀で殺害。京都刑務所で4年間の服役生活を送った。出所後も相変わらず荒れた生活を送っていたが、41年に賭場で中島組を牽引する中島源之助親分と知り合い、愚連隊を率いて入門した。

終戦直後の45年、戦勝国民として横暴を極める不良三国人の団体が、捜査をめぐってトラブルとなった京都七条警察署に対し襲撃を予告してきたという。当時、戦後の混乱期で警察は弱体化していたため、以前から懇意にしていた図越総裁に助けを求めた。そこで、図越総裁はすぐに子分や知り合いの博徒、テキヤ組織に声をかけ700人ほど集めて迎撃態勢を整えた。そこへ不良三国人らの大軍団が押し寄せ大乱闘に発展。双方に死者を出す凄惨な抗争となったが、図越総裁がいなければ治安が崩壊していたとされ、一気に評判が高まる契機となったのだ。

中島組から改名した中島会で図越総裁が若頭を務めていた60年に中島会長が亡くなると、遺言通りに二代目会長を継承。その後に図越総裁は京都一帯のヤクザ組織を大同団結させ、「中島連合会」として新たにスタートさせた。

ところが難問が噴出する。高度経済成長期で好景気に沸く京都に、山口組の傘下組織が進出を始めたのだ。そして、64年にはついに有数の繁華街である木屋町で、中島連合会の傘下組織と激突し死傷者を出す「木屋町事件」が起きた。あわや全面抗争勃発かと危惧されたが、山口組の田岡一雄三代目と図越総裁のトップ同士の話し合いにより早期の解決をみた。

中島会は、幕末から明治にかけ活躍した侠客の「会津小鉄《あいづのこてつ》」こと上坂仙吉《こうさかせんきち》親分の流れをくむ。仙吉親分が亡くなると実子の上坂卯之松親分が二代目会津小鉄を名乗ったが、35年に亡くなって以降、会津小鉄の名跡は途絶えていたのだ。

しかし、由緒ある名跡が埋もれてしまっていることを惜しむ声は各方面から上がり、また図越総裁に三代目継承を願う親分衆は多かったという。そこで、75年に開かれた会津小鉄（上坂仙吉親分）の九十年忌法要の席上、図越総裁は会津小鉄の三代目継承を宣言。総裁のイスに座り、組織名跡を会津小鉄会と改め、代紋も「大瓢箪《ひょうたん》」に統一したのである。

86年に当代を降りた後も、四代目、五代目体制で総裁職を務め、関西ヤクザ社会の重鎮として組織の向上を見守り、98年にこの世を去った。

特別コラム①

ヤクザにおける「喧嘩」無敗の極意

先手必勝の暴力、電光石火の動員力

素手喧嘩最強とうたわれた花形敬の伝説

ヤクザと喧嘩——こう聞けば誰もが思い出す人物がいる。花形敬、その人だ。書籍、映画、あるいは漫画のモデルにまでなった彼こそが、まさしく喧嘩のスター、ナンバーワンだろう。

安藤組の大幹部（一時期、組長代行も務める）だった花形氏は、その鮮やかな喧嘩っぷりで知られた。つねに素手のみで闘う「素手喧嘩《ステゴロ》」もその特徴だ。在りし日の彼を知る人からは毀誉褒貶《きよほうへん》あるものの、喧嘩の強さだけは真実のようだ。

ボクシングやラグビーで鍛えたとされる長身の体軀、そしてずば抜けた度胸が喧嘩に向いていたようだが、なによりも伝説的なのはそのタフネスぶりだろう。拳銃で指を撃たれ病院で治療後、そのまま朝まで飲み、女連れで宿泊しているというから驚かされる。最後は抗争中だった東声会の組員2人に刺殺されているものの、〝喧嘩〟を象徴する無二の人物である。

よくいわれることに、鍛えられた格闘家とヤクザが喧嘩しても、不摂生なヤクザでは勝てないだろうという推測がある。これは喧嘩の本質を勘違いしている。ルールもなくレフェリーもいない路上の喧嘩では、相手を「殺すつもり」でかかる相手に勝つのは難しい。また、ヤクザは「最後に勝てばいい」という意識があり、仮にその場で負けても最終的に相手を倒すために手段を選ばないところがあるため、〝ノックアウト〟したからといって終わりにならない。

武闘派と呼ばれるヤクザにもさまざまいるが、組織の長ともなれば、そう容易に暴力に頼るわけにはいかない。ヤクザにおける喧嘩上手とは、抗争の勝利にもつながるわけで、基本は〝電光石火〟といった動きの速さにある。「イケイケの山健」といわれた山本健一組長（三代目山口組若頭・山健組初代組長）の場合、動員力も行動力も抜群で、トラブルがあれば即座に現地に大量動員を行い、相手の戦意を萎えさせてしまう。

これは「殺しの柳川」と呼ばれた柳川組にも見られ、実際に襲撃や殺人を行うだけではなく、闘争心旺盛な若者を素早く手配できるという、喧嘩上手っぷりに表れている。

山口組と稲川会、組織としての喧嘩上手

花形氏のような素手喧嘩は個人の強さの尺度で決まるが、ヤクザが組織である以上、他組織のヤクザとの喧嘩には、その先に〝抗争〟が存在する。

１９６０年に起こった明友会事件（山口組対明友会）の場合、３人１組のヒットマンチームを山口組が結成し、一気呵成に明友会殲滅へと追い込んでいる。相手を威圧するならば「大量動員」は役

1978年、対松田組との抗争終結を記者会見する山口組最高幹部ら（中央が山本健一若頭）。
75年に大阪の賭場で起きたトラブルを発端に始まった抗争で、
山口組は電光石火かつ徹底した攻撃で一方的な終結宣言へ

に立つが、殲滅するならば「個別撃破」になるわけで、こうした喧嘩上手な配下を持つ山口組は、組織自体が喧嘩慣れしているといっていいだろう。

関東では稲川会も喧嘩上手な組織である。62年の岐阜抗争（稲川会対芳浜会）では、稲川会の大幹部である林喜一郎総長（林一家）自らが岐阜に電撃移動、相手が300名近く待ち受けているところに、200名の稲川会組員を動員。さらに、警察対策として拳銃を女性に運ばせるという徹底ぶりだ。表向きは抗争の発端となった、射殺された坂東光弘・稲川会岐阜支部長の葬儀への参列だったものの、地元組織にとってみれば、この大動員は十分な威圧となった。

大幹部自らが相手の地元に乗り込むというのは、考えればとても危険なことではあるものの、配下の士気は高まる。もともと武闘派で知られた林総長だからこそだろうが、稲川会という組織の持つ戦闘力・動員力を業界に知らしめることにもなった。

喧嘩が強いとされるヤクザにおよそ共通しているのは「先手必勝」と「徹底した暴力」だ。相手が構える前に打ち込み、理不尽ともいえる暴力を加える。ときには首まで埋め、あるいは障害が残るほどの重傷に追い込む。殺さなくとも相手に恐怖は十二分に伝わる。多くのヤクザは「暴力団」という呼称を嫌うが、なかには「暴力があるから暴力団、当たり前だ」と肯定するヤクザも少なくない。逆らえば暴力を受けるという根源的な恐怖を相手に感じさせるためだ。

暴力なくして頂点にはたどり着けない

ヤクザの喧嘩には忘れてはいけないもう一つの側面がある。それは〝交渉〟だ。一般の交渉は話し合いが前提となるが、ヤクザの場合は喧嘩を辞さない。あるいは喧嘩を売るかたちで相手を屈服させるといった方策になる。

80年代から90年代にかけて、山口組が東京に大量進出した際に盛んに行われた「名刺ジャンケン」も喧嘩の一つだ。所属組織の大小で相手を押さえつける。交渉の場において相手の瑕疵《かし》をなじる、怒鳴る、器物を壊すといった行動もまた、喧嘩の一環なのである。その場で殴り合い、あるいは武器が使われることも辞さないという姿勢は喧嘩そのものだろう。

２００２年、歌舞伎町の喫茶店「パリジェンヌ」で同じ山健組系列の2組織が数十名による乱闘事件を起こしたことも、結局は交渉の発展としての乱闘であり、まさしく喧嘩なのだ。同じ山健組系列が住吉会系列とやはり「パリジェンンヌ」で乱闘を起こしたときには、のちに銃撃事件が起きているが、これなどは抗争をにらんだ喧嘩といっていいだろう。

「喧嘩腰」という言葉があるように、相手への威圧は喧嘩という暴力を背景に行うことで効果的になる。襲撃や抗争との違いは、その場の威圧感によって「ことを収める」ところにある。

歴史を振り返れば、喧嘩に強いヤクザにはどこか狂気につながる凶暴性が共通しているようだ。「悪魔のキューピー」と呼ばれた大西政寛・土岡組若頭もその一人。映画『仁義なき戦い』シリーズ初期の重要人物だが、実像はまさに〝悪魔〟である。対立組織の相手の腕を連続して切り落とし、八百長レースのトラブルから騎手を滅多打ちにし、さらには名前を騙られたと思い込んだ相手を射殺している。これを「喧嘩」と呼んでいいか迷うところだが、個人対個人の争いを喧嘩とするならば、彼に勝つのはまず無理だ。

山口組を絶縁された「ボンノ」こと菅谷政雄・菅谷組組長もまた喧嘩上手だ。終戦直後の1946年、神戸国際ギャング団の時代に射殺事件で18年の刑を受けるが、出所後は組織を拡大、三代目山口組若頭補佐にまでなる。菅谷組長の場合は、相手を屈服させる暴力だけではなく、喧嘩が「駆け引き」であり「押し引き」であるといった意識をつねに持っていた。最後は絶縁処分となるが、ボンノの喧嘩道を引き継いだ菅谷組の幹部たちは、その後も山口組中核として活躍した。

ヤクザと切り離すことのできない喧嘩はさまざまな側面を持つが、それでも暴力という原点において、喧嘩に強いことは重要な要素でもある。金儲けがいくらうまくても、いざというときに腕が頼りにならなくては、最終的な頂点へと昇ることは難しいといえる。

第3章

武勲の漢《おとこ》

山一抗争を終結に導く功績 直参昇格から7年で頂点に

渡辺芳則

五代目山口組組長
二代目山健組組長

1941―2012

わたなべ・よしのり●1941年、栃木県生まれ。農家に育ち、56年、中学卒業後に上京、17歳でテキヤ系組織に入門。61年に山健組幹部と知り合って山健組へ移籍した。大きな抗争で手柄を立てたが代償で服役。出所後の69年、山健組若頭に抜擢された。82年、山健初代の死去後に二代目組長に就任し山口組直参に昇格。85年に山口組若頭に就任し、89年には五代目組長となった。直参100人体制を実現させ組織の強大化に尽力し、2005年に引退。12年に死去した。

現在までのところ、渡辺芳則五代目は山口組の歴代組長のなかで唯一の東日本出身者である。関西発祥である山口組のトップに関東出身の親分が座ることなどありえないとされていたが、渡辺五代目はそれをいとも簡単に成し遂げた。その裏側には渡辺五代目の突出した武闘性と、天性の人心掌握術が大きく影響しているとされる。

渡辺五代目は20歳のとき、都内で山健組幹部と知り合って神戸に移住。山口組幹部だった山本健一・山健組組長と親子の縁を結んで組員となった。おそらく当初、渡辺五代目は山健組で、よそ者に近い扱いを受けたに違いない。しかし、入門直後に映画『仁義なき戦い』で知られる「広島代理戦争」に躊躇なく飛び込み、果敢に戦ったことにより評価を一気に高める。また、山健組内に健竜会を興して若手を数多く集めるなど、頭領としての才覚も示したのだ。

山健（山本健一）初代もそれを見抜いていたようで、1969年に抗争の代償による懲役を終えて出所してきた28歳の渡辺五代目に、山健組の若頭を任せる。そして、71年に山健初代が山口組の若頭に就任し多忙を極めると、渡辺五代目が要《かなめ》となって山健組を切り盛りするようになった。その後、82年に山健初代が亡くなると、幹部や組員ら満場一致の賛同を得て山健組の二代目組長に就き、同時に山口組直参に昇格を果たす。ただちに組織の増強を推し進め、「数こそ力」の論理の下、山健組は「千人軍団」と他組織から恐れられるほどの勢力を誇ったのである。

84年に竹中正久四代目体制が発足すると、渡辺五代目は若頭補佐に任命された。翌年、山口組から離脱した親分衆らが結成した「一和会」のヒットマンによって竹中四代目、中山勝正若頭が射殺されたことを受け、若頭に就任し、「山一抗争」の陣頭指揮に立った。そして、89年には、一和会を解散させると同時に山本広・一和会会長を引退させて山口組を勝利に導いたことで、満を持して五代目山口組の頂点に立ったのである。このとき48歳、直参昇格からわずか7年でのスピード出世だった。

組長就任後も組織拡大路線を遂行し、各地の有力独立団体を次々と加入させて、最盛時には直参100人以上、構成員数も4万人を超えていた。一方で、カタギのために尽くすというヤクザの本分を忘れることはなく、95年の阪神・淡路大震災が発生した際には、自ら救援活動に乗り出し、山口組総本部前で近隣住民に食料などを配付していた。

2005年の引退後は神戸市内で暮らしていたが、12年に病によりこの世を去った。享年71。天分だけに頼ることなく、努力を重ねたことでつかんだ栄光の道のりだったといえるだろう。

日本のヤクザ㉜

田岡三代目の逆鱗に触れ栄光の座から転落した副官

地道行雄

三代目山口組若頭
地道組組長

1922－1969

じみち・ゆきお●1922年、兵庫県生まれ。戦時中は中国大陸を転戦し、戦後に帰国した。神戸で横暴を繰り返す不良三国人と戦っていたところを田岡三代目と知り合って山口組入り。行動が機敏で交渉能力に長け、55年頃に山口組若頭に就任した。直後から開始された「全国進攻作戦」で陣頭指揮を執り、各地で連戦連勝を収めて山口組の名を広めた。しかし、警察の取り締まりをかわすための「解散論」が田岡三代目の怒りに触れ、68年に退任。翌年、病死した。

田岡三代目体制が発足してから入門した子分のなかで、真っ先に頭角を現したのが地道行雄若頭だった。地道若頭は田岡一雄三代目から用事を頼まれたら的確にその真意を把握し、どんな状況でも、また、いかなる手段を講じても、必ず最善の結果を残したという。

ある関西の大物親分衆が集まる盃儀式に、田岡三代目は自分の代わりに地道若頭を出席させた。地道若頭は末席近くにあった田岡三代目の座布団を上座にまで運び、「田岡の席はここじゃ！」と一喝して腰を下ろしたそうだ。式場は一気に静まり返り不穏な空気が流れたが、長老格の親分衆が話し合って、出席者らは上座から一つずつ座布団をずらせることで落ち着いたのだ。後日、その様子を聞いた田岡三代目は「そうか、地道はそういう男や」と満足そうに大笑いしたとされる。

そうした期待以上の成果を軽々と成し遂げる地道若頭を田岡三代目は、重用するようになった。そして、1955年頃に若頭としてナンバー2の席に座る。田岡三代目は、地道若頭の持つ卓越した交渉術と、俊敏なフットワークをフル活用し、全国統一の野望に向けて走り始めた。

地道若頭の就任以降、山口組は全国各地で抗争を起こしたが、すべてで圧倒的な勝利を収め急速に勢力を伸張させた。それにより、神戸のローカル組織でしかなかった山口組と、指揮官の地道若頭の名はヤクザ社会全体に広まったのである。

だが、山口組が大きくなるにつれ、地道若頭には敵が増え、ときには山口組の有力幹部らとバッティングすることもあった。それでも地道若頭は「自分が山口組を大きくした」という自負あるからか、不協和音は大きくなるばかりで田岡三代目も距離を置くようになったのだ。

そして、64年に警視庁と各道府県警本部は有力なヤクザ組織を集中的に取り締まる「第一次頂上作戦」を展開。これにより在京組織の多くが解散に追い込まれた。だが、検挙されたトップらは保釈されると、政治結社として組織を再興させていた。これを見た地道若頭は強い逆風が吹きつける山口組を救うため「山口組解散論」を唱えたのだ。

ところが、偽装でも解散は警察の思惑通りだとして田岡三代目が解散論に強硬に反対したことで、地道若頭の求心力は衰退。68年には若頭の地位を追われ、翌年に肺がんで亡くなった。享年47。地道若頭が入院していた病院には心臓を患う田岡三代目も入院していたが、一度も見舞うことはなかったという。

山口組の発展と拡充に多大に貢献したが、晩節を汚したとされ、組葬も開かれず、大軍団を誇った地道組の名跡の継承も許されなかったという。

つかめなかった菱軍団の頂点 乾《けん》坤《こん》一《いっ》擲《てき》の銃撃で自滅へ

山本広

一和会会長
三代目山口組組長代行

1925―1993

やまもと・ひろし●1925年、兵庫県生まれ。42年、南方へ出征。47年に復員後、田岡三代目の企業舎弟が経営する土建会社で働き、56年に業者の推薦で田岡三代目の若い衆となる。翌年には若頭補佐に昇格し、その後、山広組を結成した。84年に竹中四代目継承に反対し山口組から離脱。反対派と「一和会」を結成し会長に就任した。翌年、竹中四代目らを射殺したが山口組の猛攻撃に遭う。89年に山口組に詫びを入れ、組織を解散させ引退した。93年に病死。

三代目山口組の錚々《そうそう》たる最高幹部のなかで、山本広組長は穏健派の最右翼として知られ、ケンカより経済的なセンスに優れたヤクザだった。だが、その穏やかすぎる気性は周囲から不安視され、陰では「明後日の広ちゃん」と揶揄されていた。何事に対しても返事は、「じゃあ、明後日にでも」が口癖だったからで、結局は何もしないことが大半だったという。出世に関する大事な局面でも、その弱気や優柔不断さはたびたび顔を出した。

1971年、梶原清晴若頭が事故死するという緊急事態を受け、後任が6人の若頭補佐のなかから選ばれることになった。そこで、若頭補佐6人で入れ札（投票）が行われ、山広（山本広）組長が4票、山本健一・山健組組長が2票となって山広組長が若頭に就任することがいったんは決定した。ところが、結果に納得できない山健（山本健一）組長は、田岡一雄三代目に直談判すると結果が覆り、山健組長が若頭就任となったのだ。

本来、投票で決まった結果に文句をつける山健組長のほうが明らかに筋として間違っている。しかし、同時に山広組長以外の者は、「山広が若頭では山口組が弱体化する」との意見で一致していたのだろう。また、山広組長がこの裁定にまったく異議を唱えていない点もおかしい。ここでも「いつかは若頭になれる」と悠長に考えていたのかもしれないが、二度とチャンスは訪れなかった。

84年、田岡三代目の死去後に山広組長は組長代行、竹中四代目は若頭を務めていたが、その山広組長が四代目組長に立候補した。

だが、ほどなくして田岡三代目の未亡人であるフミ子夫人は、山広組長を説得して立候補を取り止めさせる一方、竹中四代目を跡目として強く推挙したのである。これを了承できない山広派は山口組を離脱して一和会を立ち上げたが、実はそこでも山広組長は組織のトップとは思えない振る舞いをしたとされる。

85年、一和会系ヒットマンが、「山一抗争」での劣勢を巻き返そうと竹中四代目らを射殺するのだが、その後、現場指揮役は山広組長を筆頭に最高幹部と一切、連絡が取れなくなったという。山口組からの報復を恐れ、射殺事件との関わりを隠したかったようだが、最高責任者がそうした態度を見せれば、組員らの士気が下がるのは当然だった。

89年、ついに一和会の解散が決まり、山口組本部への詫び入れで姿を見せるまで、山広組長は引きこもり状態だったといわれている。あれだけ望んだ組織トップの地位だったが、最後の最後まで風格を備えることはできなかった。

田岡三代目の背中を流し男を立てた昔気質《かたぎ》の博徒

安原政雄

三代目山口組若頭
安原会会長

1910―1983

やすはら・まさお●1910年、兵庫県生まれ。尋常小学校卒業後に不良となり、兄の武夫とともに二代目山口組の山口登組長から盃をもらって若衆となった。46年に田岡三代目が跡目を継承すると、田岡三代目の舎弟となり、50年に山田久一若頭に次いで若頭就任、その後、再び舎弟に直った。61年には打越会の打越信夫会長と兄弟盃を交わし、「第二次広島抗争」のきっかけをつくるなど、隠然たる力を誇ったが、第一次頂上作戦により67年に渡世から引退。83年に死去。

１９４２年に二代目山口組の山口登組長が死去したあと、山口組は後継者不在の状況で舎弟衆らが組織運営にあたっていた。だが、46年に舎弟会（兄弟会）に推挙された田岡一雄三代目が同年夏に跡目を継承した。この田岡三代目の下、山口組は〝神戸のローカル組織〟から〝日本一の大軍団〟へ飛躍を遂げ、その傘下に万単位の組員を擁するヤクザ史上空前の巨大組織を構築することになるのだが、その山口組を要《かなめ》として支え、組織の躍進に貢献してきたのが歴代若頭だった。

発足当時の三代目山口組で若頭を務めたのは、田岡三代目と同じ二代目時代の若衆だった山田久一若頭といわれる。50年にその後任に就いたのが安原政雄・安原会会長だった。

田岡三代目より3歳年長で渡世歴も古く、神戸では博徒としても名が売れていた安原会長は、当時まだ無名に等しかった田岡三代目の売り出しに頭をひねった。そして、田岡三代目を各地の温泉や旅館に連れ出し、人目につくように自ら田岡三代目の背中を流すなどしたのだ。周囲は、その様子を見て、「安原ほどの親分に背中を流させているのは誰だ?」「どうやらあれが山口組の田岡三代目組長らしい」と噂したことで、田岡三代目の顔と名は広く認知されたという。

安原会長は三代目体制の発足当初から、若頭、若頭補佐を歴任して組織の基礎固めに貢献したが、若頭の座を若手の有望株である地道行雄・地道組組長に譲って舎弟に直った。

その後、安原会長は兵庫、大阪、徳島、三重、愛知など各府県の12団体を傘下に収め、約300人の安原会のトップとして、また山口組の重鎮として隠然たる力を行使した。さらに、ヤクザ抗争史に名高い「広島代理戦争」で、山村組と対立する打越信夫・打越会会長をバックアップするなど、裏で広島抗争を指揮した黒幕としても知られている。

しかし、警視庁と各道府県警本部が65年より組織暴力団の壊滅を掲げて行った「第一次頂上作戦」において、山口組の解散には断固反対の立場をとってきた安原会だったが、警察当局による度重なる逮捕などの影響により、67年に安原会長は留置所の中で安原会の解散を発表し、ヤクザを引退して山口組から去った。

昔気質《かたぎ》の博徒として名を売り、自身は派手な抗争歴や潤沢な資金を持たなかったが、人材育成の手腕に優れていたことには疑いがない。

その一門からは山本健一・山健組初代組長、大平一雄・大平組初代組長、尾崎彰春《あきはる》・心腹《しんぷく》会初代会長、益田佳於《よしお》・益田組初代組長、益田啓助・益田(啓)組組長、など、山口組の発展に貢献した人物が数多く輩出されており、現在でも安原会長の〝遺伝子〟は脈々と受け継がれている。

刺青《いれずみ》なし、逮捕歴もなし 異色の経歴を持つ武闘派重鎮

中西一男

五代目山口組最高顧問
中西組初代組長

1922—2003

なかにし・かずお●1922年、大阪府生まれ。大学卒業後に愚連隊の南道会に加入し、最高幹部八人衆に数えられた。南道会の藤村唯夫会長が田岡三代目の舎弟となったことで山口組傘下に入り、63年に山口組直参に昇格。以後、梶原清晴、山本健一両若頭の下で、若頭補佐を務め、竹中四代目体制では舎弟頭を務めた。85年に竹中四代目が亡くなってからは、組長代行として山一抗争下で指揮し、渡辺五代目体制では最高顧問に就任。2003年、肝不全で死去した。

「刺青なし、逮捕歴もなし」。しかしながら武闘派としても名高いという異色の経歴を持つのが、中西一男・中西組初代組長である。1922年に大阪府布施市（現・東大阪市）に生まれた中西組長は終戦直後、当時の大阪・ミナミで最大勢力を誇っていた愚連隊の南道会に加入した。債権の取り立てや金融業、キャバレーのショーの斡旋などを資金源として着々と力を伸ばし、南道会の最高幹部八人衆の一人に数えられた。

この南道会時代には、他団体と抗争を繰り広げた武闘派としても名を馳せた。51年の大阪・黒門町での久田組との抗争、54年の江川組との〝丸玉事件〟、さらに57年の大阪・キタのパチンコ店の利権をめぐる諏訪一家との抗争などが広く知られている。

63年には、南道会解散に伴い、ほかの南道会幹部らとともに三代目山口組の直系組長に取り立て

られた。つねに中立的な立場から物事を観察し、他人の意見をよく聞き入れ、面倒見がよいという点が評価され、当時の梶原清晴若頭の下で若頭補佐の要職に就いた。71年に梶原若頭が事故死して、あとを継いだ山本健一若頭の下でも引き続き若頭補佐を務め、調整役として活躍。75年に始まった大阪戦争では、中西組が二代目松田組組長を攻撃するなど、武闘派としての一面を見せることもあり、田岡一雄三代目からの覚えもよかったとされる。

以来、つねに最高幹部として組織の中枢で重要ポストを歴任した。菱の代紋への忠誠を誓い、田岡三代目亡きあとの四代目争いでは自らの信義に従い、竹中四代目体制を実現させるため意欲的に奔走したという。84年に竹中四代目が決定した席上、「本日欠席している者（山本広組長代行の一派）を街で見かけたら、山口組に戻ってくるように声をかけてほしい。山口組はいつでも門を開けて待っている」と、最後まで離脱者に復帰を呼びかけた。

竹中四代目誕生と同時に舎弟頭に就任。だが、85年に竹中四代目が一和会系ヒットマンに暗殺されると、組長代行に就任し、暫定的な山口組トップとして一和会との〝山一抗争〟で懸命に舵取りを行ったのだ。

87年、組長代行として抗争終結を成し遂げたあとに始まった五代目就任レースでは、渡辺芳則若頭と一騎打ちを演じた。だが、渡辺若頭と直接に意見調整した結果、「後進に道を譲る」として渡辺若頭の五代目就任を承諾。89年の五代目体制発足と同時に、新設された最高顧問のポストに就き、〝御意見番〟に収まったのである。山口組では〝旧南道会系〟の重鎮としてにらみを利かせたが、2003年に肝不全により生涯を閉じた。

日本のヤクザ㊱

歴代組長4人から信頼が厚く総本部の番人として君臨

岸本才三

六代目山口組最高顧問
岸本組初代組長

1928―2014

きしもと・さいぞう●1928年、兵庫県生まれ。終戦後、役所に勤めていた55年頃、のちに山口組若頭補佐となる中山美一・中山組組長の舎弟として渡世入り。73年には山口組直参に昇格、翌年には田岡三代目の秘書役に就任した。84年発足の竹中四代目体制で若頭補佐と本部長を拝命。89年発足の渡辺五代目体制では舎弟に直り、総本部長に就いた。2005年に発足した司六代目体制では最高顧問として後進を見守ったが07年に引退。14年に病で亡くなった。

岸本才三最高顧問は、戦時中は特攻隊で知られる海軍航空隊の隊員だったが、出撃することなく終戦を迎えた。復員後に神戸市交通局に入庁し、1961年まで籍が置かれていたという。しかし、在職中の55年頃、三代目山口組の直系組織である中山美一・中山組組長から、舎弟の盃をもらってヤクザ人生をスタートさせている。つまり、現在ではありえないが、約6年間は役人でありながらヤクザとしても活動していたのだ。

73年に中山組の舎弟頭から山口組直参に昇格を果たすと、役所勤めで鍛えられた高い実務能力や献身的な姿勢が田岡一雄三代目の目に止まり、翌年には田岡三代目の秘書役に抜擢されている。また、田岡三代目のフミ子夫人からも厚い信頼を寄せられていた。そうした経緯もあって、81年に田岡三代目が亡くなり密葬が執り行われた際、最高幹部の錚々たる面々以外で、ただ一人だけ棺を担ぐことを許されたのである。

田岡三代目亡きあと、山本広組長代行と竹中正久若頭の間で、四代目組長の座をめぐる争いが起きると、フミ子夫人から密命を帯びた岸本最高顧問は、竹中四代目誕生のために陰で尽力したとされる。その甲斐あって84年に竹中四代目体制が旗揚げすると、筆頭若頭補佐の要職を任され、同時に総本部を責任者として預かる本部長の役職も与えられたのだ。

ところが、竹中四代目を認めない山広派が立ち上げた「一和会」と、山口組との間で「山一抗争」が勃発。85年には竹中四代目、中山勝正若頭らが一和会系ヒットマンらに射殺されるという想像を絶する悲劇に見舞われる。それでも、岸本最高顧問は耐えがたい悲しみのなかでも、組員らに対して必死になって暴走しないように呼びかけたのである。89年に「山一抗争」を終結に導いた功績から山口組五代目を継承した渡辺芳則組長の下では舎弟へと直ったが、総本部長と職名も改め、引き続き総本部を死守するという役目を担った。

97年、山口組ナンバー2の宅見勝若頭が射殺された現場に同席していた岸本最高顧問は、翌年に空席となった若頭と舎弟頭を兼務することで、混乱状態に陥っていた山口組の組織固めに全身全霊を傾けたことはあまり知られていない。2005年に司六代目が発足すると総本部長の役職を下りて最高顧問のイスに座った。一段高みから組織全体を見渡して後進の活躍ぶりを激励するとともに、ご意見番として貴重な助言を周囲に与えていたとされる。

その後、体調を崩し07年に惜しまれつつ引退、14年に死去した。享年85。4人の歴代組長の下で要職を歴任し、山口組の発展と結束のために尽くした歩みは、語り継がれていくはずだ。

日本のヤクザ㊲

稀有《けう》な経営手腕と文才を誇る悲運だった「山口組の知恵袋」

小田秀臣

三代目山口組若頭補佐兼本部長
小田秀組組長

1930―1987

おだ・ひでおみ●1930年、京都府生まれ。大阪の不良グループのリーダーとして活動したのち、愚連隊の小だるま会に加入。58年に愚連隊が解散すると明友会傘下で小田組（のちの小田秀組）を結成。60年の山口組と明友会の抗争後、山口組の地道行雄若頭の舎弟として山口組に入った。若頭補佐や本部長を歴任し、その経営センスや頭脳明晰な対応から「山口組の知恵袋」として重宝されたが、四代目組長をめぐる争いが勃発した際に引退。87年に心臓病で死去。

強豪ぞろいの山口組には武闘派は数多くいたが、経営センスに優れ、切れ者として有名な親分といえば、やはり小田秀臣・小田秀組組長が筆頭に挙がるだろう。

1930年に京都の伏見に生まれた小田組長は、大阪・鶴橋の不良グループのリーダーとして名前を売り、56年に鶴橋商店街を本拠にした愚連隊、小だるま会に加入した。翌57年には、同じ鶴橋の国際マーケットを縄張りにしていた愚連隊の明友会と覇権を争ったことで、その実力が高く評価された。その小だるま会でメキメキと頭角を現し、副会長に就いた小田組長は、会長の死亡により組織が解散した際、旧小だるま会のメンバーを集めて58年に小田組を結成し、明友会の傘下に入った。

金融業を中心に経済力をつけ、副会長にまで上りつめたが、60年には山口組との間で有名な「明友会事件」が勃発。抗争終結後に当時、山口組の地道行雄若頭の舎弟として山口組に加入したのだ。

山口組に移籍したあとも小田組長は、その事業家としての才覚を活かし、金融業のほかに植木のリース業など経済面で活躍。その功績が認められ、64年には直系若衆に昇格し、さらに翌65年には若頭補佐に取り立てられるというスピード出世を果たした。

その後、71年から発行された『山口組時報』(75年休刊)の編集責任者を務め、並外れた文才を披露した。76年には、山本健一若頭ら山口組幹部7人とともに、ビル管理を主な業務とする「東洋信用実業」を設立して役員に就任。その東洋信用実業を使って「山口組会館」(のちの四代目山口組本部)を建設するなど、内政的、経済的な側面から山口組を支えた。

その突出した経営手腕と頭の回転の速さを田岡一雄三代目は高く買っていたとされ、田岡三代目の晩年には山口組総本部の最高責任者である本部長を兼任。その手腕をフルに発揮し、数々の難局を乗り切ったことで、「山口組の知恵袋」と他組織からも評された。

81年の田岡三代目の死後、小田組長は四代目組長に若頭補佐の中山勝正・豪友会会長を推したが、中山会長が断ったため、同じ若頭補佐の山本広・山広組組長を推したという。以降、山広(山本広)四代目の樹立を目指してさまざまな策を講じたが実らず、84年に竹中四代目が誕生する。これを不服とした山広派の離反勢力が一和会を結成して山口組は分裂。「山一抗争」と呼ばれる大規模な抗争に突入したのだ。

小田組長はこの騒動の渦中、一和会には参画せず、配下組員を山口組に帰参させるとヤクザを引退した。そして87年、かつての兄弟分たちが骨肉の争いを繰り広げるなか、心臓病のため他界したのである。

ついにつかめなかった頂点
運に見放された武闘派親分

加茂田重政

一和会副会長兼理事長
加茂田組組長

1930—

かもだ・しげまさ●1930年、兵庫県生まれ。父親は二代目山口組・山口登組長の直参。高等小学校卒業後は非行に走り何度か逮捕された経験もある。戦時中は海軍で働き、戦後は神戸で愚連隊として名を馳せた。56年に愚連隊が解散し三代目山口組で直参となった。武闘派として恐れられ、77年には若頭補佐に就任。山口組四代目争いでは山本広組長代行を推した。84年に山口組から離脱し、一和会の結成に参画。副会長兼理事長を務めたが88年に引退した。

加茂田重政組長は、二代目山口組で直参を務めた松太郎親分の実子として、1930年に生を受けた。高等小学校を卒業すると、すぐに不良らの仲間に入って警察の厄介になることもたびたびあった。終戦後は神戸の愚連隊に参加し、再び不良として歩み始めた。その際、従兄弟の加茂田俊治会長（のちの一和会理事長補佐・神竜会会長）とコンビを組んで誰彼かまわずに牙を剥いて、既存のヤクザからも恐れられた。

56年、愚連隊の解散後、すぐに山口組から声がかかり、三代目山口組に直参として入門し、のちに加茂田組となる自組織を立ち上げた。

当時、山口組では全国進攻作戦が展開中だったから、ポテンシャルを披露するチャンスはいくつもあった。なかでも60年に、大阪の明友会と山口組との間で起きたトラブルが発端の「明友会事件」

では、柳川組らとともに果敢な戦いぶりを見せ、明友会を解散に追い込んだ。加茂田組長は現場指揮役を務めて戦勲を挙げたが、代償として長期服役を余儀なくされる。だが、トップ不在中も加茂田組には数多くの入門者が集まり、指折りの大所帯に成長するのだ。

加茂田組長は社会復帰すると、ただちに大軍団を率いて激しい抗争に挑んだ。それにより、77年には若頭補佐へ昇格を果たす。この頃に撮られた田岡一雄三代目が外出する写真には、田岡三代目のそばに必ず加茂田組長が映っており、相当に厚い信頼を寄せられていたことがわかる。

しかし、その田岡三代目が亡くなると、山口組では、山本広組長代行派と竹中正久若頭派の間で跡目争いが勃発する。加茂田組長は山広（山本広）派の筆頭として尽力したが、願い叶わずに竹中四代目が誕生。そこで、山広派は離脱して一和会を結成したのだ。

加茂田組長は実質ナンバー2の副会長兼理事長を拝命し、山口組との間で勃発した「山一抗争」では最前線で戦うはずだった。ところが、懲役刑を受けて社会不在となってしまった。さらに、88年には配下の直系組長が殺害された事件をめぐり、加茂田組で内紛が発生し、組織は一気に弱体化するのだ。同年、加茂田組長は自身の引退と組織の解散を発表し、ヤクザ社会から姿を消す。

田岡三代目が眠る墓所のそばには、山口組が創設されて以来、繁栄を支えてきた歴代直系組長らの名前が刻まれた組碑が建っている。そこには、実父・松太郎の名は刻まれているが加茂田組長の名はない。田岡三代目を敬愛し山口組のために戦ったものの、運命の波に飲まれ山口組に弓を引くこととなった加茂田組長。最近、書籍を上梓した加茂田組長の目には、現在の分裂状態にある山口組はどのように映るのだろうか。

一和会を解散させた〝一撃〟
伝説的「竹中組」の精鋭
安東美樹

六代目山口組幹部
二代目竹中組組長

1955―

あんどう・みき●1955年生まれ。2014年に六代目山口組直系だった柴田会の柴田健吾初代会長の引退に伴い、その跡目を継承して山口組直参に昇格している。安藤組長は竹中四代目が率いた竹中組の出身で、四代目亡きあとの報復戦では、獅子奮迅の活躍で一和会を崩壊へと追いやった。出所後は一心会に移籍し、副会長や若頭代行などの要職を歴任。2015年に山口組の「幹部」に昇格し、分裂後に途絶えていた竹中組の名称を復活させ、二代目竹中組を継承した。

安東美樹組長は、六代目山口組直参の柴田健吾・柴田会初代会長の引退に伴い、2014年に柴田会の跡目を継承して山口組直参に昇格を果たした。もともと安東組長は、柴田会長と同じ三代目時代の直系組織・信原《のぶはら》組の出身だった。

1983年に信原伊早牟《いさむ》組長が引退して組織を解散すると、同組若頭だった柴田初代は、反権力を終生貫いた竹中四代目の率いた竹中組に移籍。安東組長も竹中組に加入し、同組内で安東会を結成した。84年に竹中四代目体制が発足すると、竹中四代目の実弟でのちに四代目山口組若頭補佐となる竹中武・竹中組組長の側近として幹部を務めたのだ。

85年に竹中四代目らが一和会のヒットマンに射殺されたことで一気に激化した「山一抗争」では、仇討ちに執念を燃やした。抗争も終盤を迎えた88年、安東組長は自ら現場で指揮を執り、配下組員を率いて、一和会の山本広会長宅で警備中の警察官らを銃撃。さらにロケットランチャーで山本広会長宅を襲撃したのである。この〝一撃〟が、山本会長に自身の引退と一和会の解散を決意させたとされる。

安東組長らはこの事件で一和会に対し引導を渡すことに成功したが、警察官をも巻き込んだ重火器での襲撃の代償は大きく、20年以上もの間、社会不在を余儀なくされたのである。

2011年に長期間の服役を終えて出所すると、六代目山口組幹部の能塚恵会長が率いる三代目一心会で副会長や若頭代行を歴任。14年に二代目柴田会を継承して山口組直参に昇格すると、翌15年には執行部への登竜門とされる「幹部」に名を連ねた。同年には、竹中四代目から続く伝統を受け継いで、長らく途絶えていた竹中組の名跡を復活させ二代目を継承したのだ。

竹中四代目の系譜に連なる竹中組が蘇った際、反対の声もあるとの一部報道もあったが、六代目山口組だけでなく、他団体の親分衆も認めており、警察当局も「二代目竹中組」を認定している。

武闘派として勇名を馳せた竹中組の名跡を引き継いだ実力と行動力は折り紙つきで、他団体にも顔が広いことで知られる。道仁会の小林哲治四代目会長、住吉会で総本部長を務める加藤英幸・幸平一家十三代目総長とはとりわけ深い親交を持っている。安東組長が竹中組を継承した際には、小林会長と加藤総長がお祝いと激励に訪れたほどだ。

現在は幹部のほか、総本部での一切を取り仕切る「総本部責任者」、また「阪神ブロック長代理」という重職を担っている。さらに16年からは阪神ブロック内で「阪神・中国地区長」を拝命し、地区内にある組織の結束と充実に精進している。

抗争無敗の弘道会を率いる「七代目」最有力候補の横顔

竹内照明

六代目山口組若頭補佐
三代目弘道会会長

1960―

たけうち・てるあき●1960年、三重県生まれ。少年期より地元の有名不良グループで鳴らし、20歳の頃に渡世入りしている。84年に当時、山口組系菱心会で幹部を務めていた竹内会長は、「山一抗争」で大きな戦勲を挙げたが、その代償として長期服役を余儀なくされる。出所後はメキメキと頭角を現し、2013年には六代目山口組の髙山若頭から跡目を譲られ三代目弘道会会長に就任。翌月に山口組の直参に昇格すると、15年4月には満を持して若頭補佐に昇格した。

竹内照明会長は、三代目山口組の直系組織だった弘田組（弘田武志組長・弘道会の前身）の若頭補佐で、同組傘下の菱心会では理事長を務めていた、六代目山口組・髙山清司若頭によって見出されたという。

山口組の次代を担う大器として、若かりし頃から髙山若頭にヤクザの帝王学を直に叩き込まれた竹内会長は、熾烈を極めた「山一抗争」で目を見張る戦勲を挙げている。竹内会長らが加えた〝一撃〟は一和会（山本広会長）側に大きな動揺を与え、その後の組織崩壊につながったとされる。この冷静かつ大胆な行動力が、弘道会はもちろん山口組上層部でも高く評価され、出所後は一気に頭角を現した。

93年には弘道会傘下で髙山若頭が率いる髙山組において若頭に抜擢。師である髙山若頭の右腕となり、2001年には高山組内に「高照組」を発足させ、組織の発展に寄与した。

その4年後、高山若頭が二代目弘道会会長に就任すると、高山組二代目を継承。二代目弘道会では若頭補佐、若頭を歴任し、会長だった高山若頭からは全幅の信頼を寄せられていたという。

そして06年には、稲川会（清田次郎会長＝東京）の内堀和也理事長補佐（現理事長・三代目山川一家総長）と五分の兄弟盃を交わし、司六代目が提唱推進する業界における平和共存路線にも大きく貢献している。

二代目弘道会で若頭を務めていたときには、山口組直系組織の若頭らが定期的に集まって開く「若頭会」でも積極的に発言・行動し、リーダーシップを発揮していた。当時から、山口組の内外で「未来の山口組を背負って立つ逸材」と評価されていたのだ。

13年に弘道会三代目を継承し、翌月に山口組の直参に昇格すると、「最高幹部への登竜門」と位置づけられた「幹部」へ抜擢された。同時に中部ブロックのブロック長代理に就任している。この頃から、関係者の間では「執行部入りは時間の問題」との見方が強まり、15年には大きな期待を一身に受けて若頭補佐に昇格。直後に中部ブロックのブロック長にも就任した。トップとナンバー2の出身母体である弘道会を受け継いだ次代の後継者として、本格的に組織運営の一翼を担うこととなり、業界の多くの関係者からは早くも「七代目の最有力候補」とする声が聞かれたほどである。

そして、衝撃の分裂劇から1年が経過した現在でも、終息の兆しが見えず、むしろドロ沼化の様相を呈する〝六神抗争〟だが、そのキーマンとして、抗争無敗の弘道会を率いる竹内会長の一挙手一投足には、各方面から大きな関心が寄せられている。

示威行動の最前線に立つ超武闘派の切り込み隊長

織田絆誠

神戸山口組若頭代行 四代目山健組副組長

１９６６—

おだ・よしのり●1966年生まれ。2015年の山口組分裂後、神戸山口組で最高幹部として彗星のごとく現れた。若年期は愚連隊で鳴らし、88年頃に縁あって五代目山口組若頭補佐の倉本広文・初代倉本組組長から盃をもらい渡世入りした。90年に勃発した波谷組（波谷守之組長）との「山波抗争」で、同組系幹部を射殺し懲役12年の刑に服した。その後、山健組に移籍。神戸山口組の結成後、直参に取り立てられ、いきなり若頭補佐での鮮烈デビューを果たした。

織田絆誠《よしのり》若頭代行は、五代目山口組で若頭補佐を務めた倉本広文組長の初代倉本組の出身。若くして同組の若頭補佐に抜擢されるなど破竹の勢いを見せた。

１９９０年に山口組系傘下組織と波谷組が、組員の引き抜き問題をめぐってトラブルとなり抗争に発展。いわゆる「山波抗争」が勃発し、織田若頭代行は波谷組系幹部を射殺するという戦勲を挙げた。しかし、その代償として12年に及ぶ長期の社会不在を余儀なくされたのだ。

現場復帰後は、偶然に刑務所で知り合って薫陶を受け、心の師と仰いだ井上邦雄組長（現・神戸山口組組長）から盃をもらって、山健組傘下の四代目健竜会に加入した。真摯に修業を重ね、すぐに山健組に直参昇格を果たし、最高幹部を歴任するなどメキメキと頭角を現した。その突出した力量や胆力は、早くから井上組長をはじめ周囲に認められており、かねてから〝山健組の秘密兵器〟と恐れられた存在だったという。

それゆえ、2015年夏に神戸山口組を結成した際に、六代目山口組を離脱した13人の直系組長以外では初の直参に選ばれ、まもなく若頭補佐という要職を任されたのだ。さらに、若頭代行に就任して四代目山健組では副組長を拝命した。こうして非常時にでも出世街道を一気に突っ走れたのは、有事にこそ力を発揮できる逸材の証明だろう。

生粋の武闘派として、これまで雄々しい足跡を記してきた織田若頭代行は、神戸山口組の結成直後から、〝切り込み隊長〟として全国各地の山健組傘下組織を中心に足を運んで、系列組員たちを激励して回った。それと同時に、六代目山口組の直系組織の周囲を数十台の車で走り回るなど、挑発ともいえる示威行動にも打って出ているのだ。

東海、北陸に本拠を置く山健組勢を100人以上も招集して、六代目山口組若頭補佐の竹内照明会長が牽引する三代目弘道会のお膝元・名古屋に乗り込んで、井上組長からの〝指令〟を通達。抗争の真ったただなか、日ごとに緊迫の度合いが増している状況にもかかわらず、敵陣に乗り込む姿は、切り込み隊長の名にふさわしい大胆さと行動力だった。想定外の事態に地元愛知県警は、行動確認のために蜂の巣をつついたような騒ぎになったという。

16年に新設された懲罰委員にも抜擢されている。また、同年5月の伊勢志摩サミットの直前には六代目山口組若頭補佐の高木康男・六代目清水一家総長と極秘で面会し、六代目山口組と神戸山口組の和解について、神戸山口組の代表としてテーブルについた。交渉は不調に終わったようだが、六神抗争の最前線に立つ織田若頭代行の動向からは今後も目を離すことができない。

実力者暗殺で広島の火種へ 広島ヤクザ地図を変えた男

門広

四代目共政会最高顧問

1930—1999

もん・ひろし●1930年、広島県生まれ。戦時中、14歳のときに海軍工廠に徴用された際、小原馨組長と出会い、渡世人生へ。小原組では実力者の一人であったが、小原組長殺害による跡目騒動の際、介入した山村組・佐々木哲彦若頭暗殺事件の主犯として、17年間を刑務所で過ごす。出所後は小原組の後継組織として小原一家を結成。四代目共政会では最高顧問を務めた。西日本二十日会の重鎮として山口組との関係修復にも尽力。1999年に死去した。

ヤクザがヤクザらしくあった時代。もし、利害関係抜きで意地を突き通す考えがヤクザの美学だとしたら、四代目共政会の門広最高顧問はその最後の世代ではないか……そう思わせる人物だ。

四代目共政会の重鎮として存在感のあった門最高顧問は、のちに広島県呉市広町を根城に小原組を興した隻腕《せきわん》の親分・小原馨《こはらかおる》組長の縁に連なって若衆となる。この小原組長を支援していたのが、県の顔役であった海生逸一《かいおいつひと》親分ということもあって、門最高顧問は、「小原馨組長は海生親分の直轄、旗本である」と述べている。この海生親分は山村辰雄・共政会初代会長にも資金援助などを通じて絶大な影響力を誇った大物だが、その海生親分の旗本であるということを門最高顧問は終生大切にし、誇りに思っていたという。

そんな小原組の若衆として順調に渡世を歩んでいた門最高顧問の人生を一変させる事件が起こっ

たのは、1954年のことだった。小原組の小原馨組長が散髪中に、対立組織だった土岡組の組員に射殺されたのである。この小原馨組長の散髪屋射殺事件は、映画『仁義なき戦い』のなかでもとりわけショッキングなシーンとして描かれているが、実際の現場も凄惨だったという。

射殺された小原馨組長と呉の山村組ナンバー2として親分を凌駕する実力者だった佐々木哲彦若頭は兄弟分であり、小原組長亡きあとの小原組の跡目問題に佐々木若頭は介入した。この介入が結果的に権勢を誇った佐々木若頭の命取りとなる。小原組に影響力を強めたい佐々木若頭と、小原組のことは小原組で……と筋を通す門広最高顧問を中心とした一派、両者の思惑は鋭い対立を生んだ。そんな緊迫した状況下の59年、門最高顧問は広町の路上で、佐々木若頭が二代目として指名した岡崎義之・小原組幹部の配下に背後から銃撃され重傷を負う。その際に、こんなエピソードがある。門最高顧問自身の言葉だ。

〈タクシーで病院に直行したんじゃが、そこでもわしは見栄を張りおってね、麻酔もかけず立ったまま手術してもろうた。当時はわしも29歳。男いうんはこういうもんじゃいうところを見してやろうと思うたんじゃけど、今考えれば、馬鹿みたいな話よのう（笑）〉（『実録「仁義なき戦い」戦場の主役たち』洋泉社）

このような門最高顧問が銃撃されて黙っているはずがない。裏で「絵図を描いている」と踏んだ佐々木若頭に標的を絞り、同年、門最高顧問の配下が佐々木哲彦若頭殺害に成功する。実力者・佐々木若頭殺害は文字通り、広島の暴力団地図を塗り替え、その後の広島ヤクザ社会へも大きな影響を与えたのだった。

日本のヤクザ㊸

広島ヤクザ外交のキーマン 山陽道ヤクザの安定に尽力

浅野眞一

浅野組初代組長

1923―1979

あさの・しんいち●1923年生まれ。終戦直後、笠岡市にある大山組の大山国男組長の下で幹部として頭角を現す。大山組長の引退後、いくつかの抗争を経て組織を改めるかたちで浅野組を興して初代会長に就任。山口組の全国侵攻の火の手が岡山、広島に伸びてくると、積極的に近隣外交を展開。「反山口組」ネットワークの構築に尽力する。広島抗争終結後は、三代目共政会の山田久会長、侠道会の森田幸吉会長らとともに、山口組の田岡三代目との融和を図った。

終戦から10年経った1955年、世の混乱はまだ収まっておらず、瀬戸内のヤクザもまた混乱の最中にあった。そんななか、広島県との境にある岡山県の港町・笠岡市で浅野組を立ち上げたのが浅野眞一初代組長である。浅野組長はもともと、地元の組織・大山組の幹部であったが、大山組の組長引退とともに混沌としていた組をまとめ上げたのだ。

当時の地方都市ではヤクザ組織はまさに群雄割拠の状態で、小規模なシノギをめぐった争いが絶えなかった。しかし、浅野組長が組を立ち上げた頃には、神戸の三代目山口組や本多会といった大組織が全国に勢力を拡大する一方、隣の広島では村上組との壮絶な抗争を経て、岡組の〝王国〟ができあがりつつあった。それだけに、いわば〝小競り合い〟の事態を収拾してがっちりと地元を固めた浅野組長は、ヤクザとしての慧眼《けいがん》を持っていたといえよう。

62年、岡山の有力組織である「現金屋」の内紛に乗じたかたちで、三代目山口組が一挙に勢力を拡大する。また、同時期に広島でも、山村辰雄組長の岡組相続により、孤立していた打越組の打越信夫組長が田岡一雄三代目の舎弟となり、山口組中国支部の打越会を名乗るなど、地図の上では浅野組を〝挟撃〟するかたちとなった。

浅野組長は組織防衛のうえでも巧みな外交戦略を主導した。兄弟分である山村組の服部武若頭、本多会系木下会の高山雅裕会長らとともに、本多会と山村組の縁組みに奔走したのだ。これには、美能組の美能幸三組長も汗をかいた。このとき浅野組長は、本多会の実力者・平田勝市副会長（のちの二代目会長）らとの交渉も成功裏に終わらせている。結局、下関にある合田組の合田幸一組長（のちの合田一家初代総長）の取り持ちで、本多会の本多仁介会長と山村組長は兄弟分となった。

このように、浅野組長は、たんに一独立組織の伸長にとどまらず、山陽道全般のヤクザ社会の動向を見渡す、外交センスも持ち合わせていたのである。

70年、共政会反主流派の山田会長襲撃事件に端を発する「第三次広島抗争」でも、浅野組長は渦中の人となる。山田会長の車を運転していたのが浅野組長だったことや、反主流派が使用した車が俠道会の所有だったことから、飛び火するかたちで浅野組は俠道会と一戦を交えることになったのだ。結果的にこの抗争は、波谷組の波谷守之組長らの奔走により際どいところで終結を向かえる。

これら激動の山陽道ヤクザのうねりのなかにいた浅野組長は、以降、一転して山陽道の安定に尽力し、「関西二十日会」の中心人物の一人として、対山口組外交にも取り組むこととなったのだ。

だが、その矢先の79年、浅野組長は56歳の若さでこの世を去ったのだった。

日本のヤクザ㊹

山陽ヤクザ界の若き三代目 前代未聞の船上盃取《どり》持《もち》人

串田芳明

三代目浅野組組長

1949―2010

くしだ・よしあき●1949年、広島県生まれ。17歳のとき、笠岡の浅野組・初代浅野眞一組長の下で渡世入り。若き日は行動的な武闘派のイメージが強かったが、その反面、人と対するときには真摯で、先輩をはじめ、多くの渡世人にその人となりを認められていた。二代目浅野組時代に若頭に就任。二代目引退とともに三代目を継承する。34歳という若さだった。その後、四半世紀にわたって浅野組のトップとして内外に存在感を示す。2010年に死去。享年61。

1986年3月、風光明媚な瀬戸内海を航行する一隻のフェリーのなかで、前代未聞の盃事が行われた。関西、山陽道から四国にわたる錚々たる親分衆たちの〝船上兄弟盃〟である。三代目共政会・山田久会長、俠道会・森田幸吉会長、親和会・細谷勝彦会長、波谷組・波谷守之組長の4人が五分の兄弟となったのだ。これを取り持ったのが、若き三代目浅野組・串田芳明組長だった。

浅野組は浅野眞一初代組長が興した組織だが、串田組長は若き頃、その浅野組長のそばで部屋住みから修業をし、順調に席次を上げていった。いってみれば、年こそ若いが直系の旗本・御家人のような存在である。

それだけに、浅野初代体制時の若頭だった日田義男二代目の引退時、周囲の期待をもって三代目に推薦されたのである。そのとき串田組長は弱冠34歳。若くしての継承は警察のみならず、全国のヤクザを感嘆させた。いくら直系の秘蔵っ子といっても、その器量がなければ務まらないのがヤクザの世界だ。串田組長にはその器量があった。

その実証ともいえるのが船上盃の主人公たちだ。山田会長の後見人が浅野組長（二代目共政会・服部武会長と兄弟分）であるように、串田会長にとって、盃を結んだ4人は叔父たちであり、一世代上の渡世人である。叔父たちの盃を甥が取り持つ……というのはヤクザの世界ではまれなことだ。

しかも、みながみなその世界では名の知られた人物である。これこそが、串田組長の器量の証左といえるだろう。また、器量がある若き浅野組の三代目を押し出そうという、叔父たちの配慮があったことも想像に難くない。

このように、山陽道の平和・共存路線の若き旗振り役となった串田組長はまた、全国規模の外交センスにも優れていた。ともすれば地元密着の〝モンロー主義〟になりがちな山陽道の組織のなかにあって、まずは東に目を向ける。

平成に入るとすぐ、稲川会の稲川裕紘三代目会長（当時・理事長）と兄弟分となった。この縁組みは、その当時、東日本の巨大組織と山陽道の雄の血縁としてヤクザ社会のみならず、マスコミなどでも大きな話題を呼んだ。これは、稲川会長の実父である稲川聖城総裁が、串田組長のヤクザとしての器量を認めたからだともいわれている。

串田組長は、その後も山陽道の安定のために全国への視野を持ち続け、六代目山口組・司忍組長の代紋違いの舎弟になるなど、活発な盃外交を繰り広げた。これらの盃が、かつて凄惨な代理戦争が起こった山陽道の平和に貢献したことはいうまでもない。

四国唯一の独立組織を設立「下がり藤」の伝統が息づく

細谷勝彦

二代目親和会総裁
親和会初代会長

1931―2011

ほそたに・かつひこ●1931年、兵庫県生まれ。47年頃に香川県・高松に移り住み、地元の北原組で渡世入り。48年に抗争事件で懲役6年の刑を受けた。65年に北原組は「第一次頂上作戦」で解散するが、同年中に細谷総裁が地盤を引き継いで親和会を立ち上げる。70〜80年代にかけ地元の山口組系組織との間で死傷者を出す激しい抗争を展開。2005年に吉良博文理事長へ跡目を譲って総裁となり、後進の成長を見守っていたが08年に引退した。11年に死去。

終戦からまだまもない1947年頃、16歳の細谷勝彦総裁は両親の生まれ故郷である香川県高松市へと移り住んだ。そして、博徒として名を馳せていた北原組の北原伝次郎組長から盃をもらいヤクザになった。

細谷総裁が北原組へ入門した当時、高松では「太政官《だじょうかん》」という博徒組織が最大勢力を誇っていた。48年にその太政官と抗争となり、細谷総裁は相手組員を日本刀で斬りつけて重傷を負わせ、殺人未遂の罪で6年間の懲役を経験した。

太政官の解散後、58年に幹部の一部が「若林組」を結成。62年には若林組の若林暲《あきら》組長が、三代目山口組の地道行雄若頭の舎弟になったことで若林組は菱の代紋を掲げた。さらに、64年には香川県で初めて山口組の直系組織に昇格したのだ。

一方の北原組は「第一次頂上作戦」の影響もあって65年に涙を飲んで看板を下ろした。だが、同年中に細谷総裁は北原組の地盤を受け継ぎ親和会を発足させたのである。このとき34歳だったという。細谷総裁の胸には、北原組長から続く伝統の灯を残そうとの思いが宿っていたとされる。その証拠に親和会の代紋の「下がり藤」は、北原組の代紋から受け継がれていた。

こうして始まった親和会の歴史は、抗争の連続だった。71年には親和会組員が若林組幹部を刺殺したことにより両組織間で抗争が勃発。また、82年にも若林組との間で「高松抗争」と呼ばれる激しい流血抗争事件を演じた。そのわずか2年後にも、親和会幹部が射殺されたことを発端にして、若林組との間で過激な「新高松抗争」が始まったのである。

現在、二代目親和会（吉良博文会長）と六代目山口組（司忍組長）は友好関係にあり、二代目若林組（山口組直参・篠原重則組長）とも親しいが、当時は街中で互いの組員を見つければトラブル必至の状態だった。

細谷総裁の姿がテレビ画面を通して一般家庭に流れたのは、86年の「船上の四兄弟盃儀式」でのことだ。いまでは絶対にありえないが、テレビカメラと女性レポーターが同乗し、親分衆へのインタビューが全国中継されたのである。瀬戸内海上を航行するフェリーの船内で、俠道会・森田幸吉会長、三代目共政会・山田久会長、波谷組・波谷守之組長と交わした五分義兄弟盃は、船上で儀式を開くという奇抜なアイデアも含め、業界の内外に一大センセーションを巻き起こした。

2005年に理事長を務めていた吉良博文会長に跡目を譲って総裁に就任。08年に引退し11年にこの世を去ったが、伝統と魂は吉良会長をはじめ、組員らによって受け継がれている。

広島代理戦争の陣頭指揮官「広島モンロー主義」を実現

服部武

二代目共政会会長

生役年不明

はっとり・たけし●生役年不明。終戦直後の岡組創立以来の若衆であり、岡組出身で三代目共政会の原田昭三副会長、岡組の網野光三郎幹部とともに岡組三羽烏として注目を集める。62年、岡組と山村組の統合が行われ若頭に就く。第一次から第三次にわたる広島抗争で陣頭指揮を執り、また親分の山村辰雄会長と大組織であった本多会の本多仁介会長との兄弟盃に奔走するなど、外交面でも大きく貢献した。70年に山田久三代目会長の継承を見届けて引退。

稀代の梟雄《きょうゆう》・共政会の山村辰雄初代会長の跡を継いだ服部武二代目会長。当時、「広島のヤクザはなか（内輪）でばかり喧嘩している」とほかの地方の稼業人にも揶揄されたように、広島県内は戦後の混乱期でも突出して群雄割拠の状態であった。そんななかでも一頭地を抜いていたのが、岡敏夫組長が率いる岡組である。

岡組は「岡道場」と呼ばれた賭場を中心に広島市内で大きな勢力を占めていたが、岡組長の後継者候補には4人の実力者がひしめいていた。舎弟分として最有力候補だった、のちの打越会の打越信夫会長と、岡組のなかで実力を競い合っていたのちの三代目共政会の原田昭三副会長、代理戦争勃発時に引退する網野光三郎幹部、そして服部会長の4人である。

そのなかで、原田副会長と網野幹部の2人は〝宿敵〟であったテキヤ組織の村上組との抗争で殊勲を立てていたが、服部会長は大きな体とは対照的に病気がちで、華々しい活躍を見せるチャンスはなかなかなかった。だからといって、服部会長が「武闘派ではなかった」というわけではない。いわゆる広島代理戦争で、三代目山口組の本家にダイナマイト攻撃を仕掛けるという前代未聞の事件を指揮するなど、ヤクザとしても実に腹のすわった大胆な人物だったのだ。

服部会長の渡世人生の大きな分岐点となったのは1962年。岡組長は、組員160人を呉にある山村組の山村組長に預けて引退し、山村組は元から組にいた60人を入れて220人の大所帯となった。その山村組のナンバー2である若頭に、服部会長は指名されたのである。山村組長が、そりの合わない子飼いの美能組の美能幸三組長はともかく、原田副会長、網野幹部ではなく、服部会長を選んだのも、岡組勢力をまとめる器量があると踏んだのだろう。

服部組長はこの山村組長の期待に十二分に応えた。服部会長の若頭就任から4カ月後、打越信夫会長が山口組に加入し、翌63年4月、美能幸三組長の破門と美能組組員射殺に端を発する代理戦争が起こった。広島ヤクザが最も熱く、そして困難な時期に、服部会長は若頭として陣頭指揮を執り、ついに山口組本家への襲撃という離れ業も演じたのだ。

最終的には山口組の怒濤の侵攻を食い止め、〝広島モンロー主義〟を完成させた服部会長。親分である山村組長が特殊な人物であったために、舵取りは難しかったはずだが、服部会長は広島ヤクザの大同団結となった共政会発足にも大きく貢献した。初代体制で理事長を担い、そして山村組長引退後には二代目会長の職に就いたのである。

その後、70年に山田久三代目会長の誕生とともに引退した。

時の氏神となった西の重鎮 反山口連合の結成に奔走

合田幸一

合田一家初代総長

1902―1975

ごうだ・こういち●1902年、香川県生まれ。保良浅之助親分のもとで籠寅組若衆として渡世へ。終戦後に二代目を継いだ浅之助親分の実子・寅之助親分の跡目を受け、48年、合田組を結成。68年に合田一家へと改称し、籠寅組の本拠であった下関を中心に山口県下に強い組織力を誇った。70年には合田総長自らの提唱により、三代目山口組に対抗する団体として関西二十日会を結成、大阪から福岡まで広い範囲で賛意を得る。75年、西日本の安定を見届けるように死去。

昭和初期の名親分にして、全国最高得点で当選した立憲政友会の国会議員でもあった保良浅之助親分が設立した籠寅《かごとら》組。その実質的三代目が合田一家の合田幸一初代総長である。もっとも、合田総長自身が籠寅の名跡を汚さないという信念から、1948年、あえて合田組を名乗り、68年に合田一家へと改名した。

その系譜、そして存在感から西日本の重鎮としてヤクザ界に名を知られていた合田総長であるが、その力量を十分に見せつけたのは、63年に行われた神戸の本多会・本多仁介会長と広島の山村組・山村辰雄組長の取持《とりもち》人を務めたことであった。当時、山村組と対立していた打越会・打越信夫会長が三代目山口組の舎弟となり、それにプレッシャーを感じていた山村組の服部武若頭や美能組の美能幸三組長は本多会との縁組みに動いていた。

しかし、縁を組む相手の本多会は当時、三代目山口組と二分するような大組織であり、取持人には相当な貫目が必要と見られていた。そのために、西日本の重鎮である合田総長に白羽の矢が立ったのである。美能組長の手記によれば、話を持ちかけられた合田総長は乗り気ではなかったという。それでも、服部若頭や美能組長らの懇請に負けるかたちで取持人を引き受けることになった。だが、一度引き受けたとなると徹底的に筋を通すのが合田総長である。

当初の予定では、山村組と本多会との「親類つきあい」という縁組みであったが、合田総長はそんな縁組み（親類つきあい）は聞いたことがないと、本多会長と山村組長の兄弟盃、しかも五分という縁組みを成功させたのだった。これだけの縁組みを遂げるのは、合田総長の貫目、そして胆力がなければ難しかったというのが定説だ。さらに、山村組と対立する打越会の上部団体である三代目山口組幹部はこの縁組みに不快感を示したというが、それにも合田総長は屈しなかったと、やはり美能組長は手記のなかで述べている。

さらに、合田総長と広島との縁はこれだけではなかった。第三次広島抗争といわれ、岡山・笠岡の浅野組も巻き込んだ共政会と尾道・侠道会の抗争の手打ちの仲裁人となったのである。このとき奔走したのが〝最後の博徒〟こと波谷組の波谷守之組長と尾道の長老・清水春日親分であった。こじれにこじれた抗争だっただけに、合田総長も簡単には首を縦に振らなかったが、やがて波谷組長らの熱意もあり、大所高所から見た山陽道の平和のために腰を上げたのだ。

手打ち式は72年5月、有馬温泉で行われ、広島に久しぶりに平和が戻ることになる。まさに、時の氏神のような役割を合田総長が果たしたのである。

日本のヤクザ⑱

兄弟の盃はなによりも重く 間尺《ましゃく》が合わずとも命を張る

森田幸吉

侠道会初代会長

1927—1989

もりた・こうきち●1927年、高知県生まれ。15歳のときに徴用され、尾道に。その後、尾道の高橋組・高橋徳次郎組長の若衆となる。義侠心厚い武闘派であるが、興行のセンスもあり、高橋組では跡目の最有力候補でもあった。高橋組長の引退後すぐに収監され、そこで、広島抗争の中心人物の一人であった山口英弘組長と出会い、兄弟分に。出所後、高橋組を継ぐかたちで侠道会を発足し、初代会長の座に。関西二十日会(のちの西日本二十日会)の重鎮。89年死去。

尾道の雄、侠道会の初代・森田幸吉会長は徹頭徹尾、「義」を通す人物であった。ときには間尺に合わないことに直面しても、義を前にして退くことはなかったという。その典型的な例が、第三次広島抗争の末尾を飾る広島・共政会、浅野組との抗争であろう。

1970年、共政会三代目の継承式を控えていた山田久会長が大阪の西成で、襲名に反対する十一会梶山派の組員によって銃撃されるという衝撃的な事件が起きる。同乗していた原田昭三副会長は死亡。山田会長も重傷を負うが、その傷をおして継承式に臨んだことは有名な話である。

問題は、梶山派が乗っていた車が侠道会のものであったこと、さらに、山田会長が乗る車を運転していたのが笠岡・浅野組の浅野眞一組長であったことだ。これらの要素が事態を複雑かつ深刻なものにした。実際に浅野組長自身にケガはなかったが、山田会長の後見人ということと相まって、すでに看過できる問題ではなくなっていた。また、森田会長も事件への関与を強く否定したが、事件を起こした側の梶山派が、兄弟分の子分だったこともあり、図らずも抗争の渦中に巻き込まれることになったのである。

報復の口火を切ったのは浅野組だった。俠道会の事務所に銃弾を撃ち込むと、さらに俠道会の東端貞夫理事長を射殺したのである。山田会長襲撃は無関係だと断言した森田会長だが、ナンバー2にあたる理事長を殺されて黙っているはずはない。返しに浅野組の若頭を銃撃し、重傷を負わせたのだ。ヒートアップする武闘派同士の抗争に広島、そして山陽道のヤクザ、そして市民は緊張の極みに陥った。

結果的にこの抗争は、山陽道、そして広島に平和を強く願った波谷守之組長の奔走により、俠道会と共政会の間で手打ちが成立した。もちろん、この和解の仲裁は一筋縄でいく問題ではなかった。森田会長は組員とともに死を覚悟していたというから、その森田会長、浅野組長、そして撃たれた当人の山田会長を納得させ、和解に導けたのは、なにより波谷守之組長の熱意と誠意、さらにその意をくんだ当事者たちの大所高所からの見識があったからこそである。

この抗争のあと、森田会長は波谷組長らとともに、山田会長と兄弟分の縁を結ぶことになる。まさに、雨降って地固まるというわけだが、それが山陽道の平和と安定の礎となったことはいうまでもない。

森田会長は、その後、山田会長らとともに三代目山口組との融和に大きく貢献する。筋を通す真の武闘派だからこそ、広島の平和を実現できたともいえよう。

日本のヤクザ㊾

鳴海清

「日本のドン」を撃った男　明かされない無残な最期

二代目松田組村田組内大日本正義団幹部

1952―1978

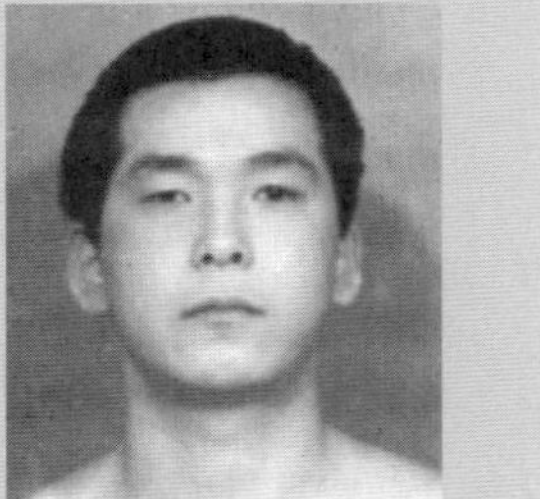

なるみ・きよし●1952年、大阪府生まれ。中学時代から非行に走り、69年にケンカ相手を殺害し少年院に送られた。出所後の71年頃に大日本正義団で渡世入り。76年に大阪・日本橋で大日本正義団の吉田芳弘会長が山口組系組員に殺害される「日本橋事件」が発生した。その報復として78年に鳴海幹部は田岡三代目を銃撃して逃走。奇跡的に軽傷だったが、山口組側は松田組を徹底攻撃した。銃撃事件から2カ月後、鳴海幹部の死体が六甲山中で発見された。

鳴海清幹部は中学卒業後、印刷会社に就職したが2年で退職。1969年、17歳のときに地元西成の喫茶店で客とケンカになり、相手を殺害して浪速少年院に1年半送られた。出所後、19歳の頃から二代目松田組村田組内大日本正義団が開く賭場へ出入りするようになったという。その後、鳴海幹部は結婚し飲食店を開いたが、客足が伸びずに2年ほどで閉店に追い込まれたことから、大日本正義団で正式に渡世入りする。それ以前の20歳の頃、背中に天女の刺青を入れている。

75年に山口組系傘下組織と松田組系傘下組織との間で「大阪戦争」が勃発。76年には大日本正義団の吉田芳弘会長が、大阪・日本橋で車に乗り込もうとしたところを山口組系組員に銃撃されて絶命した。当時、鳴海幹部は吉田会長の運転手を任されていたが、直前に車で事故を起こしていたため、事件当日は役目から外されていた。もし運転手としてそばにいたなら、吉田会長を助けることができたかもしれないとして、何日も涙が止まらなかったという。そして、吉田会長の納骨の際、会長の遺骨をかじって報復を誓ったのである。

復讐の鬼と化した鳴海幹部は、標的をまさかの田岡一雄三代目に定めた。田岡三代目が京都に来たときはナイトクラブ「ベラミ」にいつも寄ることを鳴海幹部は突き止め、何カ月も通いつめたという。

78年夏、その日、田岡三代目は自身がモデルの『日本の首領《ドン》 完結編』が撮影されている東映京都撮影所を訪れた。その帰り、馴染みの「ベラミ」に寄ってテーブルについた。田岡三代目の後頭部を狙って鳴海幹部はピストルの銃口を向けた。舞台上でリンボーダンスショーが行われているなか、鳴海幹部は2回引き金を引くと、その1発が田岡三代目の首筋に命中。田岡三代目は首筋を押さえながら倒れたが、流れ弾が一般人に当たったことを知ると、「救急車はカタギさんが先や」と叫んだという。店から一目散に飛び出した鳴海幹部は逃避行を続けたが、その間、運良く軽傷だった田岡三代目を挑発する手紙を新聞社に送りつけるなどして、さらに山口組の怒りを買った。以降、山口組から松田組への攻撃は間断なく続いたのだ。

田岡三代目銃撃事件から約2カ月後の六甲山中で、歯が抜かれるなど激しい暴行を受けた痕跡のある男の死体が発見された。腐敗が進み指紋も採取できない状態だったが、赤外線を当てると背中に天女の刺青が浮かび上がり、鳴海幹部だと断定できたという。

匿《かくま》っていた組織が殺害したとして裁判も行われたが無罪判決が出され、その後、時効も迎えたことで、鳴海幹部の死は永遠に闇の中に葬られた。

日本のヤクザ㊿

竹中四代目を討った首謀者
獄中でも俠《おとこ》として生きる

石川裕雄

一和会常任理事
悟道連合会会長

1948―

いしかわ・やすお●1948年、大阪府生まれ。68年、石川屋総業を立ち上げて渡世入り。その後、三代目山口組直参の北山組（北山悟組長）傘下に入り勢力を拡大した。一時、殺人を犯したことで組を解散し、北山組を離れたが、のちに復帰し78年に民族派団体・悟道塾を設立。山一抗争では北山組が一和会に名を連ねると先頭に立ち、85年に自らが組織した実行部隊が竹中四代目らを襲撃、死亡させた。その後、逮捕され無期懲役が確定。現在も服役中である。

少年時代から空手道場に通い、バイオリンを習うなど、裕福な家庭に育った石川裕雄会長は、1964年に大阪学院大学付属高校に進学。腕っ節の強さを慕われ、自然と不良グループ「南友会」が形成されリーダーに就任した。グループは「任俠と奉仕」をスローガンとしていたが、窃盗と恐喝罪で逮捕され少年院に送られている。

68年に大阪学院大学に進んだあと、事業を立ち上げる傍ら、「石川屋総業」を組織して渡世入り。その後、三代目山口組直系組織である北山組の幹部と兄弟分の盃を交わし〝学士極道〟となった。

ゲーム機のリース業、ゲームセンター経営などで順調に業績を伸ばし、構成員も30人ほどに成長していたが、72年に山口組直系組織である小西一家の若頭を「御法度のシャブを扱った」という理由から日本刀で惨殺する事件を起こす。同じ山口組内の事件だったが、当事者同士のケンカということで処理されると、傷害致死罪で懲役5年の判決を受けた。石川会長は断指したうえで北山組を離れ、同時に石川屋総業も解散したのである。

出所後はアメリカ・ネバダ州へ留学。現地では語学や射撃術を学び、傭兵として紛争が続く中東へ向かうことも考えたが、帰国すると北山組への復帰が許された。

78年に民族主義的な色合いを持つ悟道塾を設立。79年には北山組若頭に昇格した。山口組四代目組長をめぐる後継問題で、北山組長は山口組を離脱し、一和会の常任理事に名を連ねた。それと同時に悟道塾は悟道連合会に改称している。

山口組から一和会に対し義絶状が突きつけられたことに石川会長は猛然と反発。さらに組織の掟を破ったことで北山組が絶縁にした幹部組員が、山口組宅見組の宅見勝組長の舎弟に直ったと聞いて憤りを募らせ、自分が一和会の先頭に立って戦う覚悟を決め、標的を竹中四代目に絞ったのだ。

一和会二代目山広組の後藤栄治若頭とともに実行部隊を組織した石川会長は、襲撃場所となる竹中四代目の愛人が住むマンションに、襲撃拠点とする部屋を用意するなど、着々と準備を進めていた。そして85年、石川会長が組織した実行部隊が、マンションを訪れた竹中四代目、中山勝正若頭、ボディガードらに銃弾を放ち、竹中四代目を死亡させた。

指名手配を受けていた石川会長は事件の1年半後、逮捕されて死刑が求刑された。その後、無期懲役の判決が確定し、旭川刑務所に服役する。

一緒に収監された経験のある同業者はみな口をそろえて、「現役ヤクザそのもの」と評するほど、獄中での所作や心構えを絶賛する。石川会長は現在も獄中でヤクザとして生きているようだ。

特別コラム②

出世の王道だった「抗争からの懲役」

年々通用しなくなるヤクザ社会の論理

六代目、神戸、両山口組トップの「勲章」

勲章の一つや二つはないと――。昭和のヤクザにとって、抗争に参加し結果として懲役を務めることは必然だった。そしてその先には輝くヤクザ社会のポジションが用意されていたのである。

いま、最も注目を浴びる神戸山口組のトップ・井上邦雄組長は17年もの懲役生活を経験している。井上組長は、山口組の歴史に刻まれる大阪戦争（山口組対松田組）で指揮を執っていた山健組内健竜会幹部の一人だ。1978年、健竜会（渡辺芳則初代会長）幹部として松田組系西口組組長宅を襲撃した事件（逮捕者5人）で収監されたのだ。

その服役中の84年に山一抗争が発生、出所した2000年にはすでに山口組は渡辺芳則五代目体制であり、井上組長は四代目健竜会会長へ、さらに05年には四代目山健組組長、六代目山口組の幹部、若頭補佐へと昇進している。

一般社会で17年も不在であったならば、その地位や立場などはないも同然だが、この時代のヤクザ社会は違う。裁判中、服役中といずれも組が面倒を見てくれたうえ、出所後には幹部としての地位が約束されていたのだ。

一方、六代目山口組の司忍組長もまた若かりしときから懲役の経験がある。

1969年の東陽町事件がそれで、相手は大日本平和会。組員の移籍がきっかけとなり、弘田組（弘道会の前身）が、大日本平和会の春日井支部長・豊山一家の豊山王植組長を刺殺。事件の首謀者と見られた司組長（当時は弘田組若頭）は懲役13年、司興業（トップは司組長）初代若頭の土井幸政会長（現・政治結社・司政会議名誉会長）も13年、弘田組系佐々木組の組員だった髙山清司若頭（現・六代目山口組若頭）は4年の判決を受けている。

その後、中京一帯は弘道会の縄張りとなり、司組長の山口組六代目継承への大きな原動力ともなっている。

無期懲役でもヤクザをやめないヤクザ

ヤクザ社会最大の抗争であった山一抗争もまた、関わったヤクザたちの運命を大きく変えた。山健組を率いた渡辺芳則組長は抗争後、山口組五代目を襲名、大阪戦争から活躍してきた宅見勝組長（初代宅見組）は五代目山口組の若頭へといずれも異例の出世を果たしている。対して、分裂した一和会は解散し、参加した山口組の元幹部たちは引退・死亡と敗残の憂き目に遭っている。

勝った側もみなが幸せだったわけではない。射殺された竹中正久四代目の弟・竹中武組長（竹中組

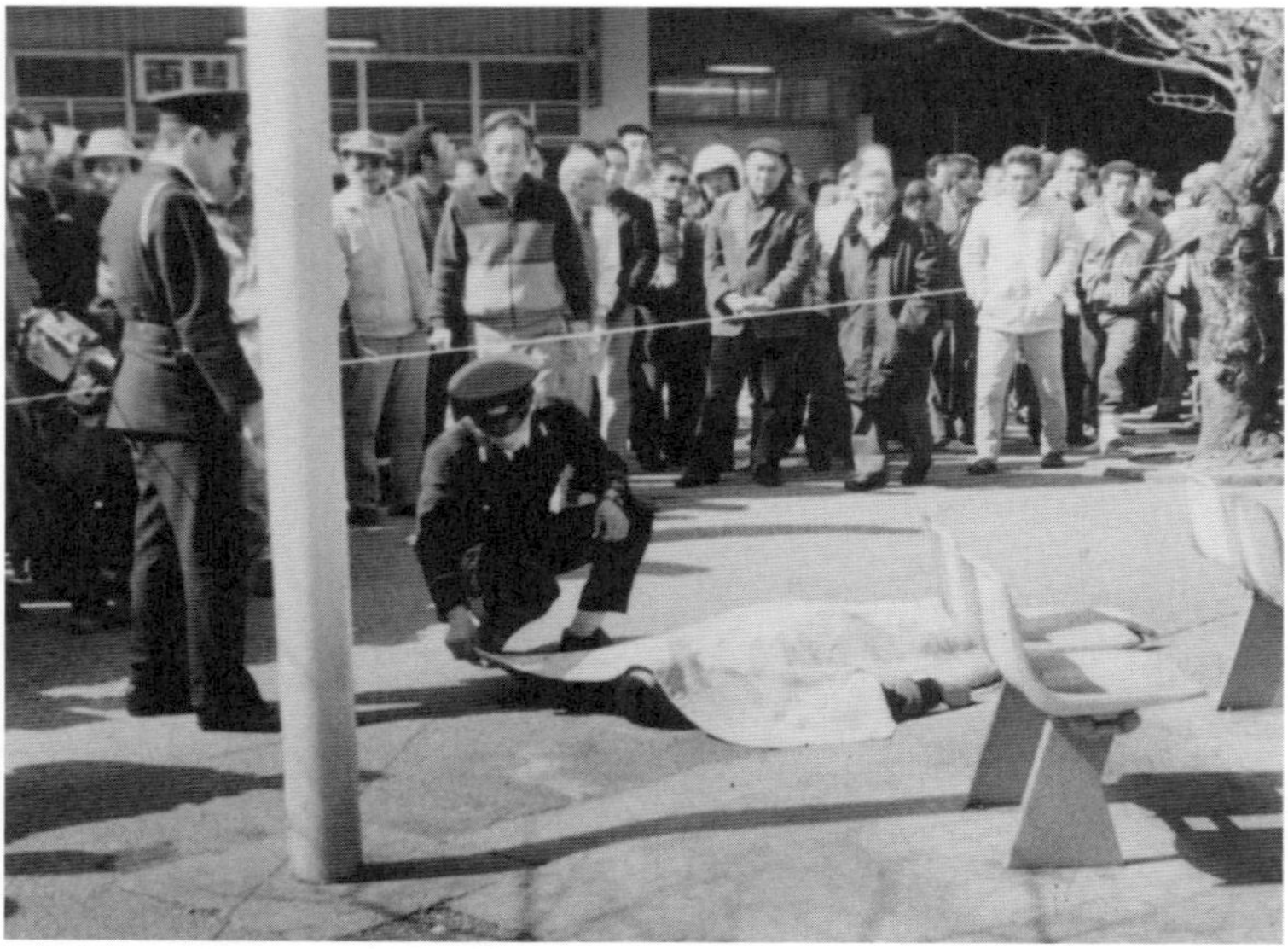

1985年2月23日、一和会系組員が山口組系組員に高知競輪場で射殺された。
当時、激化していた山一抗争の一コマである

組長・四代目山口組若頭補佐）は抗争終結のかたちをよしとせず、山口組から脱退し、山口組と抗争（山竹戦争）するまでになった。

近年と違い、かつてのヤクザは対立相手を殺しても死刑や無期懲役にまではならない……とされていた。だからこそ懲役を恐れずに抗争に加わることもできた。もちろん死刑や無期懲役では、ヤクザもなにもない。だが、例外はある。

現在も収監されている石川裕雄会長（元・一和会常任理事・悟道連合会会長）はその代表格だ。石川会長は山口組系北山組時代に同系列の小西一家若頭を日本刀で斬殺（傷害致死）し、5年の刑を受けたのちアメリカに留学、語学や武道に励んだ。帰国したのは大阪戦争の真っただなか。のちの五代目山口組・渡辺芳則組長らとともに、山口組の有力幹部といわれていた。

運命が変わったのはやはり山一抗争。一和会に加わった石川会長は竹中四代目襲撃の総指揮者と目され、事件後に1年半の逃亡、そして逮捕されている。裁判で石川会長はすべて自分がやったことであると主張し、一審では死刑が求刑された。判決は無期懲役で、石川会長は現在でも旭川刑務所に収監されている。その年月は実に30年に及ぶ。仮釈放対象の年限を過ぎているが、いまでも引退していない（ヤクザをやめていない）ことから、仮釈放になる可能性はほぼない。

懲役1人で1000万円、問われる使用者責任

抗争により懲役を受け、結果として出世する。しかし、出世を目指して抗争に参加しているわけではない。これがヤクザにとっての抗争と懲役の真実だろう。要は、自分が成したことに対する見返りがあるわけで、国家からの見返りが懲役であり、組織からの見返りが出世なのだ。

ヤクザ社会では懲役に行ったという事実は称賛の対象ではある。が、それはあくまでも組織のためにという大前提がつく。自分勝手に傷害や恐喝などを繰り返しても決して評価されないし、場合によっては破門や絶縁の対象にすらなる。また、あまりにも懲役を繰り返していると「懲役太郎」と揶揄されるし、シノギのできない単なる暴力装置とすら認識されてしまう。

平成に入っても数多くの抗争事件が発生し、やはり中心は山口組であるが、昭和の抗争事件との最大の差は、抗争期間の短期化と裁判の厳罰化だ。大規模に発展すると思われる抗争も、組織のトップが速やかに終結に動くようになっている。

一方で刑罰は重くなり、無期懲役といった厳罰も珍しくなくなっている。これは社会の暴力団に対する制裁論調を下地にした改正暴対法（暴力団対策法）が大きく影響している。拳銃による射殺事件ともなれば、銃刀法違反のみならず発射罪などが加わり、10年程度で収まることは少なく、また使用者責任が問われるようになり、上部団体にも影響が及ぶようになった。

典型的なのが埼玉抗争だ。2008年、埼玉県八潮市で起きた事件で、六代目山口組二代目小西一家二代目堀政連合傘下組織の鈴木寛茂相談役が、住吉会系伊勢野会の幹部2人と、政治結社会長ら幹部4人の計6人らに刺殺されたことが発端だ。二代目小西一家の報復と見られる射殺事件も起こり、緊迫の事態となるが、わずか数日で手打ちが成立した。

実行犯である伊勢野会の細野保幹部は無期懲役が確定。二代目小西一家からの報復とされる射殺事件で、二代目小西一家の落合勇治総長には一審・二審とも無期懲役と罰金3000万円の判決が下された。

ヤクザが無期懲役判決を受けた場合、仮釈放は難しく、ヤクザ社会からの決別が要求される。ヤクザとして行動する、あるいはヤクザの論理は一切認められなくなったといっていいだろう。また、懲役1人につき1000万円以上かかるといわれる経済的支援も含め、簡単に抗争は起こせないし、使用者責任を考えると命じることも難しい。しかも言質（殺せ、やれ、潰せなど）が明確でなくとも責任は問えるという判断が、この埼玉抗争の裁判では認められている。

「やられたらやり返せ、返さなければこの世界では生き残れない」という長年のヤクザの論理は、現在の表社会では一切通用しなくなっているのだ。

第4章　シノギの帝王

日本のヤクザ51

カリスマの跡目を継ぐ力量 宅見若頭と並ぶ経済センス

石井隆匡

稲川会二代目会長
五代目横須賀一家総長

1924－1991

いしい・たかまさ●1924年、東京都生まれ。神奈川県横須賀市で育った。旧制中学をケンカで退学した後、43年頃から横須賀の海軍工廠で働く。その後、終戦直前には八丈島にあった人間魚雷「回天」の基地に配属された。戦後の46年頃に渡世入りし、63年には錦政会の名門・横須賀一家の五代目総長に就任。72年には稲川聖城初代会長から稲川会理事長に任命された。85年に稲川会二代目会長を継承。90年に跡目を譲って引退し、翌91年に病死した。

石井隆匡会長は、横須賀市で育ち、旧制中学に進学したが暴力沙汰が原因で退学。1943年頃に地元の海軍工廠で働き始めた。だが、その後に海軍通信学校に入学し、首席で卒業を果たすと、八丈島にあった人間魚雷「回天」の基地に配属され通信兵になった。

復員後、46年に横須賀で多くの若い衆を抱える石塚儀八郎親分の若い衆となって渡世入りした。石塚親分は「ニッケルの照」と呼ばれた笹田照一親分の流れをくんでいた。笹田親分は関東の独立団体・双愛会（椎塚宣会長＝千葉）の始祖に当たり、田岡一雄三代目とは五分義兄弟の盃を交わすなど関東でも指折りの大親分だった。その笹田親分の薫陶を受けた石塚親分の下、真摯に修業を積んで代貸を任され、横須賀に地盤を構築したのである。

そして63年、錦政会（のちの稲川会）の名門・横須賀一家の五代目総長を継承すると、石井会長の名は広く知れ渡った。横浜愚連隊出身で錦政会の大幹部だった井上喜人氏も目をつけた一人で、稲川総裁に石井会長を引き合わせたという。石井会長は噂に聞いていた稲川総裁の懐の深さに感銘を受け、錦政会傘下となって稲川総裁の背中を追いかけることとなった。

72年には錦政会から改称した稲川会で、稲川総裁に実力を認められ、ナンバー2の理事長を任された。ほぼ時を同じくして、石井会長は経済界へ進出し、ヤクザの資質に匹敵する才覚を発揮する。69年に立ち上げた建設会社が、神奈川県の指定業者に選ばれたことを足がかりに、本格的に中央政財界に乗り込んでいく。

しかし、ヤクザ社会でも実業界でも急成長する石井会長には警察当局も注目した。その動きを牽制するように違法賭博の罪で逮捕。80年には懲役5年の実刑が確定し、しばらく社会不在を余儀なくされた時期もあった。それでも、出所後は鮮やかに復帰を遂げ、再び表とウラの顔を駆使し、いくつも会社を設立するなど、さらに飛躍を遂げたのだ。

85年には稲川総裁から跡目を譲られ稲川会二代目会長に就任、稲穂軍団のトップとなった。同時に、野村證券など大手証券会社に取引口座を開き、当時話題だったＮＴＴをはじめ三井金属、新日鐵の株売買で巨額の利益を手にしたとされる。

順風満帆に見えた石井会長の歩みだが、病魔が行く手を阻んだ。やむなく90年には稲川総裁の実子である稲川裕紘三代目に跡目を禅譲して引退すると、翌年に息を引き取った。

山口組の宅見勝若頭に並ぶ経済ヤクザと評された石井会長は、政財界を巻き込む大スキャンダルの「佐川急便事件」でもキーマンと目されていたが、すべては闇に葬られたのである。

日本のヤクザ㊾

博徒とテキヤの組織を糾合 いまに続く住吉会の礎を構築

阿部重作

住吉一家三代目総長

1895—1965

あべ・じゅうさく●1895年、新潟県生まれ。若い頃は横浜の港で沖仲仕をしていたが、住吉一家客分の高木康太親分から盃をもらって渡世入り。長きにわたって代貸を務めていた。1948年、住吉一家三代目を継承。取り締まりが強化され組織の弱体化が叫ばれた58年、住吉一家を中心に関東にある博徒とテキヤなど計28団体を結集させて港会を結成した。港会の初代会長になったのは幸平一家の青田富太郎十代目総長。62年に引退し、65年に69歳で死去した。

阿部重作総長が盃をもらった高木康太親分が設立した高木組は、労働者を派遣する港湾荷役業を行っており、阿部総長は代貸として手腕を発揮。戦後、高木親分は事業へ専念するために、阿部総長に自組織の跡目を譲って引退した。

ちょうど同じ頃の1948年、住吉一家の倉持直吉二代目にも将来性を見こまれ、三代目総長を継承。配下には〝銀座警察〟の異名で知られる浦上信之親分や、住吉一家向後《こうご》の初代である向後平親分など多彩な人材がそろっていたのだ。

56年、浅草の妙清寺で、ともに住吉一家の大幹部だった向後親分と大日本興行の高橋輝男初代会長との間で銃撃戦が起き、両者が死亡。制止しようとした阿部総長も全治1カ月のけがを負った。興行をめぐる利権争いが原因とされているが、この事件は住吉一家内部に大きなシコリを残すこととなり、内部対立の火種が燻《くすぶ》ることになる。また、警察も事件を契機に検挙・取り締まりを強化していく。十数名の幹部が逮捕され、さらに自身も重傷を負った阿部総長は、この事件を教訓として、逮捕摘発により弱体化した組織の再編に乗り出すこととなったのだ。

阿部総長は友好団体との関係を深めるため、博徒、テキヤ、愚連隊など28団体の集結を図る。とりまとめには幸平一家の稲毛十蔵親分が奔走、これまでにない連合組織となる「港会」の結成に至った。これまでバラバラだった団体が一つになることは、抗争事件の減少だけではなく、当局に対する牽制としても機能し、山口組のようなピラミッド型とは違う、連合体としての新しいかたちでもあった。その初代会長に任命されたのは、阿部総長の片腕だった高橋浅太郎代貸に連なる幸平一家の青田富太郎十代目総長だった。かつての住吉会において住吉一家傘下ではない唯一の組織が幸平一家である理由には、こうした住吉会結成からの歴史的経緯がある（現在は一家名乗りは複数存在）。

62年、阿部総長は住吉一家総長を引退、跡目を上萬《じょうまん》一家の貸元である磧上義光親分に譲り、事業に専念することになった。だが、組織内で起きるトラブルなどの相談役として、たびたびにらみを利かす存在でもあった。

64年、阿部総長引退へのはなむけとして総長賭博が開催され、一晩で約5億5000万円の金が動いたとされている。この賭博を開帳したのは稲川会の稲川聖城会長であり、阿部総長へのテラ銭（取り分）は4400万円といわれている。賭博についての取り調べで、稲川会長は自身が一切の責任を負ったとされ、ヤクザ社会ではいまも語り継がれている。

現在の住吉会の土台を作った阿部総長は、中興の祖と呼ぶべき存在だろう。

若衆時代から突出した才覚 頂点極めた「高円寺の親分」

西口茂男

住吉会前総裁
住吉一家六代目総長

1929—

にしぐち・しげお●1929年生まれ。戦後まもなく住吉一家向後の向後平初代から盃をもらってヤクザとして歩み始めた。56年の浅草妙清寺事件で服役。65年、向後二代目を継承すると、拠点をこれまでの芝浦から杉並区高円寺へと移転させた。91年、住吉連合会会長に就任し組織名称を「住吉会」に改め、住吉一家六代目を継承した。98年、住吉会会長の座を福田晴瞭理事長に禅譲。2002年には住吉会総裁に就任し、住吉一家の跡目を当時の福田晴瞭会長に譲り引退した。

西口茂男前総裁は戦後すぐに、住吉一家の大幹部だった向後平初代に入門し渡世入りした。若い者へのしつけに厳しかった向後初代の下、血のにじむようなつらい修業を重ねたことで、20代の若さで数多く在籍していた部屋住み責任者に抜擢されたのだ。この事実からも、西口前総裁の器量は、すでに若い衆時代から並ぶ者がいなかったことがわかる。

その後もさらに修業を続け、向後初代を失う事件に関わったことで懲役も経験するなど、実績が認められた西口前総裁は、1965年についに住吉一家向後二代目を継承した。そして、組織の拠点をそれまでの芝浦から、杉並の高円寺へと移す。

現在でもヤクザ業界では「高円寺」といえば西口前総裁を指すことは有名だ。部屋住みの若者を置き、行儀作法を厳しくしつけているが、部屋住みとなることは、選ばれた存在であることから、若者にとっては憧れともなっているという。政財界から芸能界まで多くの人間が西口前総裁の元を訪れているが、スキャンダルが流出したことはない。

西口前総裁が現役だった時代は抗争の連続だった。稲川会との抗争が起きた「四ツ木斎場事件」や、栃木・宇都宮市の利権にからむ争いが原因とされる「北関東抗争」など、多くの血が流された。山口組との緊張関係も長く続き、北関東抗争では山口組でもとくに武闘派で知られた弘道会との抗争を繰り広げた。また、引退後の2008年にも埼玉で山口組と抗争、複数の死者を出している。

抗争はいずれも短期間で手打ちとなっており、それを西口前総裁の功績と見る業界関係者も多い。現在はヤクザ社会から引退しているが、業界への影響力は強く、その動向はつねに注目されている。15年に発生した山口組分裂騒動のときにも、キーマンの一人と目されていたほどだ。住吉会が山口組と組織間の交際関係を樹立したのは、山口組の司六代目が出所後のことであり、そうしたデタントが行われた状況も背景にはあると推測されている。

91年、住吉連合会の各親分と親子血縁盃を行い、住吉会へと改名する。また、92年には暴対法により東京都公安委員会から指定暴力団の認定を受ける。95年にかつては抗争を行ったこともある極東会と親戚縁組を交わした。2012年にはアメリカ財務省により、犯罪組織とその支持者と指定され、米国司法権の及ぶ範囲の資産凍結、米国民との取引禁止となる制裁対象になっている。

16年、住吉会系組員による特殊詐欺事件で、被害者から使用者責任を問われるかたちで損害賠償を起こされた。詐欺事件における使用者責任を問われる裁判は全国初。詐欺グループの主要メンバー4人のほか、関功会長と福田晴瞭前会長も対象となっており、今後の展開が注目されている。

日本のヤクザ㊹

田岡三代目とともに修業積む 警察当局からの攻撃で引退

岡精義

三代目山口組舎弟

1906—不明

おか・せいぎ●1906年、岡山県生まれ。旧制中学校を卒業すると神戸へ移住し、港湾荷役業務に就く。30年、神戸の賭場で部屋住み修業中だった田岡三代目と知り合い意気投合。その後、港湾荷役の下請けで東南アジア各国を転々としたが、田岡三代目が山口組組長を継承した際に若衆となる。その後は主に山口組の港湾事業への進出を助け、同組の経済基盤の確立に貢献。66年、恐喝容疑で兵庫県警に逮捕されたのを機に引退を決意し、山口組を去った。

17歳で来神し、神戸港の港湾荷役の沖仲仕《おきなかし》として働いていた岡精義舎弟は、24歳の頃に神戸の賭場に出入りしている際、まだ部屋住み修業中の身だった田岡一雄三代目と知り合って仲良くなったという。当時は、互いに金銭的に苦しかったこともあって、田岡三代目が住んでいた部屋をたびたび訪れては寝食をともにするようになった。

そうした縁があったからか、1934年に神戸港で起きたストライキのピケ破りを田岡三代目が依頼されると、一緒に海員争議本部に殴り込みをかけたのだ。このとき、田岡三代目は日本刀で組合長を斬りつけたことで傷害罪により1年服役した。

その後、徴兵されたが戦後に復員すると、不良外国人の暴動鎮圧のため自警団「山口組抜刀隊」を結成していた田岡三代目と再び合流した。さらに、46年に田岡三代目が山口組組長を継承すると、子の盃をもらい、直系若衆13人のうちの一人となったのだ。

戦後すぐに神戸で港湾荷役の下請兼土建業の三宅組（三宅は岡舎弟の旧姓）を設立し、51年には三友運輸を設立。田岡三代目が港湾事業に目をつける以前から神戸港に関係していたことから、山口組の港湾事業への進出を勧め、その主導的な役割を果たしたといわれる。その結果、山口組関連企業が神戸港に大挙進出し、経済基盤を確立できたのである。56年、全国港湾荷役振興協会を設立した田岡三代目は副会長兼神戸支部長に就き、岡舎弟は常任理事となった。

63年、当時の国鉄三宮駅前に地下街「さんちかタウン」建設が決まると山口組若頭補佐の山本健一・山健組組長が用心棒を請け負うことになった。だが、山健組長はまもなく逮捕され収監。そこで、山口組若頭の地道行雄・地道組組長と、山口組若頭補佐の吉川勇次・吉川組組長がさんちかタウンの用心棒を山口組直轄で行うようにしたが、この際も岡舎弟を通じて用心棒代を出させることに成功している。

このように、岡舎弟はもともとの実業家の顔を存分に行使し、山口組の経済部門の責任者として財政面を支えたことで、「山口組の財政部長」といわれたのだ。その後、二代目時代からの古参が徐々に身を引いたことで、田岡三代目より9歳年長だった岡舎弟は舎弟に直った。

しかし、64年に暴力取締対策要綱が作られると、66年に警察当局は「山口組壊滅作戦」を開始。暴力団の全国一斉取り締まりが始まるなかで、岡舎弟も恐喝容疑で兵庫県警に逮捕される。すでに60歳を超えていた岡舎弟は、これを機に引退を決意。田岡三代目宛に「引退願い」を送って許しを得ると、ほかの企業舎弟らとともに山口組から去ったのである。

築いた総資産は数千億円 銃弾を浴びて壮絶な最期

宅見勝

五代目山口組若頭
宅見組初代組長

1936―1997

たくみ・まさる●1936年、兵庫県生まれ。早くに両親をなくし各地を転々とする不遇な少年時代を送り、59年に大阪の老舗組織で渡世入り。すぐに頭角を現し「道頓堀の暴れん坊」と呼ばれた。その後、山口組系列組織に移籍。60年代から頻発した抗争事件では武闘派として活躍する。77年には山口組の直参に昇格を果たす。82年には若頭補佐に任命され、89年の渡辺五代目誕生に尽力。若頭に就任し、組織の躍進と充実に貢献。97年に射殺された。

宅見勝若頭といえば、バブル期に株式や土地の投資などで巨額の財産を築いた「経済ヤクザ」として有名だが、しっかりとヤクザの顔も持っていたという。

1959年、大阪の老舗博徒組織・土井組の傘下組織でヤクザ人生をスタート。頭脳明晰で動き出しが早かったことから注目を浴び、63年にはミナミで大きな勢力を持つ山口組の直系組織・南道会（山口組舎弟・藤村唯夫会長）の傘下である福井組（福井英夫組長）に移籍し、菱の代紋を背負うことになった。66年には福井組の若頭補佐を拝命し、翌年に宅見組を結成。福井組が南道会から山口組の直系組織に昇格したあとの70年には、福井組若頭に就任したのだ。

75年に勃発した大阪の博徒組織・松田組との「大阪戦争」では勇猛果敢に戦い、指揮官だった若頭の山本健一・山健組組長に気に入られる。その山健（山本健一）若頭の強力なあと押しもあって、

77年には42歳の若さで山口組直参となる。

82年に恩師の山健若頭が死去すると、四代目組長の座をめぐり激しい争いが発生。同年、集団指導体制で竹中四代目が若頭に就任したが、同時に若頭補佐を任された。84年に誕生した竹中四代目体制でも、引き続き若頭補佐として、竹中四代目と中山勝正若頭を全力でサポートした。ところが、85年に竹中四代目と中山若頭らが射殺されたことで、組織存亡の危機に見舞われるのだ。

宅見若頭はその直後から新体制の立ち上げに走り出す。中山若頭の葬儀は、地元・高知で行われるために遺体はフェリーで関西から高知まで運ばれ、山口組の幹部や直参らも乗船した。そのデッキで宅見若頭は当時、自身と同じ若頭補佐だった渡辺芳則五代目に対し、「兄弟、腹をくってくれ」と、五代目として担ぐ気持ちがあることを告げたという。

そして、苦労を重ねた結果、89年に渡辺五代目体制が誕生。若頭に就いた宅見若頭は人事などに強い影響を及ぼすようになった。

しかし、96年に京都で若頭補佐の中野太郎・中野会会長が、地元組織の組員らに銃撃される事件が発生する。奇跡的に中野会長は無傷だったが、宅見若頭が中野会長と話し合うことなく独断で地元組織と手打ちをすませてしまうのだ。この暴挙に中野会長は激怒し、配下の幹部や組員らも宅見若頭に恨みを抱いたとされる。

97年、神戸市にあるホテルのラウンジで、中野会系ヒットマンらに銃撃され、7発の銃弾を受けて死亡した。先見性に優れた才覚を生かし巨万の富を築くなど、世間からは投資家や実業家のように見られていたが、最期はヤクザらしい死にざまであの世へと旅立ったのである。

日本のヤクザ㊻

血気盛んな「新宿の鬼熊」光を新宿にあてて救世主に

尾津喜之助

関東尾津組組長

1898―1977

おづ・きのすけ●1898年、東京都生まれ。17歳で紫義団を結成して、浅草界隈で暴れん坊として名を上げる。新宿での呼び名は「新宿の鬼熊」。その後、関西をはじめ各地を旅して歩き、満州での放浪も経験。テキヤ組織を経て、関東尾津組を興した。後年は、東京露天商同業組合の理事長など、テキヤ系団体の要職を歴任しテキヤの伝統を守ることに尽力した。1960年代には全日本神農憂国同志会を結成するなど、神農界の大立者だった。77年に死去。享年79。

1945年8月、玉音放送から3日後、焦土と化した東京の新聞に次のような広告が載った。

〈転換工場並びに企業家に急告！　平和産業への転換は勿論、其の出来上がり製品は当方自発の〝適正価格〟で大量引き受けに応ず、希望者は見本及び工場原価見積書を持参至急来談あれ　淀橋区角筈一の八四五（瓜生邸跡）新宿マーケット関東尾津組〉

敗戦により〝納入先〟を失った軍の下請け・孫請けの工場から物資を買い取り救済し、その物資を物不足に苦しむ敗戦庶民にさばいてあげようではないかという、いわゆる「闇市」である。

闇市といえば、尾津喜之助組長その人であるが、やはり「新宿マーケット」を抜きにしては語れない。テキヤ一家系列だった尾津組長は尾津組を結成。角筈《つのはず》と呼ばれた現在の歌舞伎町辺りを拠点に、空襲で焼失した「中村屋」跡地に露天商店を展開した。鍋釜の類いから下駄や手桶など、およそ生活に必要な物資を店頭に並べ、さらに一杯飲み屋まで開き大評判となる。

ちなみに、この露天は所轄の淀橋署に許可も取ってある〝正規〟の商店で、どこに憚《はばか》るものでもなかったという。この新宿マーケット（尾津マーケット）の盛況に続けと、和田マーケットや安田マーケットも新宿に進出。庶民に潤いと希望を与えたことから、「光は新宿より」という言葉が定着したほどだった。

尾津組長の慧眼は、闇市の広告を終戦の3日後に出したということからもわかるように、なんといっても機を見るに敏だったことである。若かりし頃は「新宿の鬼熊」と称された名うての暴れん坊であったが、反面、全国をめぐる旅に出て見識を広め、その足は遠く満州にまで至ったという苦労人だ。

その苦労が糧になったのだろう。また、かつて人を殺めてしまったことから、尾津組長は「一日一善」を自らに課していたという。結果論かもしれないが、配給品だけで生活した判事が栄養失調で亡くなることもあった時代に、尾津組長の果断な行動が多くの敗戦庶民を救ったのは事実だ。

新宿マーケットの勢いそのままに、東京露天商同業組合の理事長にも就任するが、戦後の混乱が収まると一転、警察当局は尾津組とマーケットに対して冷淡になる。47年、尾津組長を些細な件をもって恐喝で逮捕。その後、尾津組は解散の憂き目に遭うのだ。

49年には、絶対的権力だったGHQによる「再開発」という名の撤去命令で新宿マーケットはその地を追われる。生活の場を奪われた露天商たちは、代替え地の三光町に移ることになった。この露天商たちが新たな商売の場としたところが、のちの「新宿ゴールデン街」である。

日本のヤクザ㊼

新橋を支配した「カッパの松」志半ばで凶弾に斃《たお》れる

松田義一

１９１０—１９４６

関東松田組組長

まつだ・ぎいち●1910年、石川県生まれ。幼い頃に東京へ移る。神田錦城中学卒業後、銀座に事務所を構えていた大和新風大化会の事務所に出入りし、日中戦争勃発後に大陸に渡る。大連では苦力たちを指揮し関東軍に協力。41年、東京に戻る。この年、傷害事件で千葉刑務所に服役。45年、関東松田組を結成し、終戦後多くの露店が出ていた新橋駅周辺を支配する。46年、露店を収容する新生マーケットの建設を始めるが、破門中の舎弟に銃撃され死亡。享年36。

戦後、新橋駅周辺の闇市には１３００軒の露店が所狭しと並んでいた。盗品から残飯雑炊まで、雑多な品々が商われていたのだ。

上野や浅草、新宿、池袋といった主要駅周辺の闇市には、すでに戦前から根を張っている組の勢いが強く、新興勢力が入り込む余地はなかった。ところが、新橋駅周辺は、戦前は渡辺組、両国屋、松坂屋など既存の組織が押えていたが、戦争により幹部組員を失ったことで空白地帯となり、そこに三国人が入り込み混乱状態となっていた。そうした状況に目をつけたのが、中学卒業後から、新橋に近い銀座で用心棒をしていたこともある「カッパの松」こと松田義一組長だった。

闇市の権利は、なにも権利書があるわけではなく、力のある者が「ここはうちの庭場だ」と主張すれば、力のない者は従うしかない。新橋駅周辺の庭場は力があれば切り取り放題であり、そこに名乗りを上げたのが松田組長だった。

松田組の中核となったのは、戦中に傷害事件を起こした際に服役した千葉刑務所で知り合い、松田組長に感服した男たちだ。松田組は新橋駅周辺の闇市を瞬く間に支配下に置いた。庭場からのアガリは相当なもので、組の幹部は月収4000円以上、現在の価値で200万円ほどになった。松田組長には当然、その何倍もの月収があったようだ。

松田組長は莫大な利益を上げながらも、闇市での好景気がこのまま続くとは思っていなかった。松田組長はブレーンの新聞記者から、GHQがヤクザ組織の解体を計画していることや、アメリカのマフィアは闇のビジネスで得た金を合法的なビジネスに投資していることなどを聞いていた。そこからヒントを得て、いずれ興行や土建などの事業にも進出し、親分子分の関係ではない〝企業〟にすることを計画していた。その第一歩が闇市を収容する新生マーケットの建設だったのだ。

1946年、新生マーケットの建設が始まった。マーケットは2階建てで、500店舗が入店する予定だった。建設が始まると、華僑の代表がマーケットへの入店を要求してきた。華僑は日本人が扱えない人気のある禁制品を扱っていたため、彼らが入店すれば日本側の店は商売にならない。華僑側は100店舗の入店を求めてくるなど、強気の要求をしてきたという。

そんな要求はのめない松田組は、華僑側と一触即発状態となる。ちょうどその時期、破門中の舎弟が松田組長を訪ねてきた。20分ほど話して、組を去る際、突然、松田組長に向けて発砲したのだ。舎弟は台湾人の意を受けていたともいわれているが、真相は謎のままだ。松田組長は新橋以外にもマーケットを建設する予定だったというが、その夢は途上で潰えたのである。

日本のヤクザ58

救世主となった浅草っ子
下町の闇市で餓えを救済

芝山金吾

関東丁字家佐橋一家芝山初代

生役年不明

しばやま・きんご●生役年不明。東京都生まれ。ガラス屋での丁稚奉公など、つらい下働きを経て、20歳のとき、関東丁字家を興した佐橋健太郎親分の子分となる。若い頃から、侠気に富み、一家内では100人規模の若い衆を連れていた。20代半ば、佐橋親分の跡目を継いだ実子分から、組名乗りを許されて独立。関東丁字家佐橋一家芝山初代を名乗った。戦後、罹災した東京浅草の復興に尽力。芝山初代が取りしきった浅草の闇市は、東京でも屈指の規模を誇ったという。

戦後、焼け野原となった東京で、窮民と化した人々を救ったテキヤ系侠客の代表格といえば、新宿では関東尾津組・尾津喜之助組長、そして浅草では、関東丁《ちょう》字《じ》家《や》佐橋一家芝山初代の芝山金吾親分であろう。

1945年に起きた東京大空襲は、とくに木造住宅が多い下町を壊滅状態に追い込んだ。焼亡を免れたとはいえ、浅草も窮民たちであふれ、浅草寺近辺では住処をなくした人々が餓えで苦しんでいたという。そんななかで、いち早く露天商を立ち上げて物資供給を行ったのが、芝山初代である。

浅草闇市をその目で見たルポライターの竹中労氏は、その盛況ぶりをこのように書いている。

〈仲見世は戦災にほとんどあわず老若男女があふれて、活気はむかしに異ならなかった。ただしその雑踏は、観音様を目指してではなく、闇市と化した店並に蝟集して（中略）六区にむかって露天がひしめき、ふかし芋やらポン煎餅、まっ黒なフスマ入りのパン、イカの丸煮、軍隊毛布、編上靴、地下足袋、戦闘帽などを所せましと商っていた〉(『決定版ルポライター事始』筑摩書房)

もちろん、露天商は商売であり、芝山初代もショバ代などのアガリを得ていたことは間違いないが、それ以上に、餓えと寒さに震えていた窮民たちにとっては、救いの神となっていた。

というのも、戦後の浅草では愚連隊上がりや国士気取りの詐欺師まがいが「救済」を名目に、窮民たちの寒い懐からさらに搾取していたからである。混乱期に力の均衡が崩れるのはよくあることだが、闇市を通じて浅草の復興を目指していた生粋の浅草っ子である芝山初代だからこそ、窮民らを救うための闇市ができたともいえよう。

活況を見せ始めた浅草で、芝山初代は浅草寺境内において、警察の許可を取ったうえで本格的に露天商を執り仕切るようになる。広大な境内には、関東近郊のさまざまなテキヤ組織が店を連ねるようになったが、その際、芝山初代は被災者や引揚者を優先してショバを割った(場所を割り振った)。それに対して、自らの子分たちには一部を除き、ショバを割ることはほとんどなかったという。露天にとってどこの場所に店を出すかは死活問題であり、ときにその割り振りで甚大なトラブルになることもあるのだ。それだけに自らを律してショバ割りを行った芝山初代が、やはり浅草、そして東京の復興という志を立てていたであろうことは想像に難くない。

51年には、東京都内で常設の露天が禁止される。芝山初代はその後も、露天商の再開を請願するなど、業界全体を見すえた大所高所に立った活動を続けた。

現在の浅草寺周辺での露天の活況も、芝山初代の遺訓が守られているからこそだろう。

悲願の東京直系として新生 業界騒然の自決は謎のまま

工藤和義

六代目山口組最高顧問
四代目國粋会会長
1937—2007

くどう・かずよし●1937年、北海道生まれ。上京後、縁あって日本国粋会傘下の老舗組織・金町一家に入門。若くして一家内で要職を歴任したのち一家のトップである総長に就任した。91年には日本国粋会の四代目会長となり、組織名称を「國粋会」と改めるなど改革を断行。05年には六代目山口組・司忍組長と兄舎弟の盃を交わし最高顧問として迎えられ、國粋会は電撃的に山口組入りした。だが、07年に自宅において自決したとみられる遺体で発見された。

北海道から上京した工藤和義最高顧問は、縁あって日本国粋会傘下である名門老舗組織の金町一家に入門した。日本国粋会は東京の名だたる老舗組織の連合体で、その歴史は1919年に原敬内閣の内務大臣を世話役として、博徒組織、土建業者、右翼団体などが結集して創立された「大日本国粋会」に由来するという。

終戦とともに大日本国粋会は消滅したが、58年に再び名門博徒組織らが集まって、「日本国粋会」として新たなスタートを切った。品川プリンスホテルで開催された創立記念式典には、錚々たる親分衆のほか、右翼界の大物や政財界の重鎮らも多数出席するなど、現在ではありえないスケールの顔ぶれだった。その日本国粋会を上部団体とする金町一家で、工藤最高顧問は一心不乱に厳しい修業を積み、一家内で重職を任されるようになっていく。さらに日本国粋会でも早いうちから幹部職を任されるなど、長老の親分衆をはじめ周囲から期待を寄せられていた。

そして、金町一家の七代目総長を務めていた91年、満を持して日本国粋会の四代目会長に就任。さっそく組織名称を現在の「國粋会」に改め、執行部メンバーに40代の若手らを次々と投入して若返りを図るなど、大胆な組織改革に乗り出した。

一方で、関東における平和共存にも熱心に取り組み、93年には稲川会（東京）の稲川裕紘三代目会長との間で兄舎弟の盃を交わし、工藤最高顧問は稲川会長の代紋違いの舎弟となった。また、同年には住吉会とも親戚縁組を行って、国内でも屈指の巨大組織である2団体との間で縁戚関係が築かれたのだ。2001年に組織内で内紛が起きた際には、山口組の有力傘下組織が事態解決のため、迅速に動いたことで03年に収束。それにより國粋会と山口組との関係はいっそう親密度が増したといわれる。

それから2年経った05年、業界を震撼させるニュースが駆けめぐった。山口組総本部において、司六代目と工藤最高顧問の間で兄舎弟の盃儀式が執り行われ、工藤最高顧問が舎弟となって國粋会が山口組入りしたのだ。こうして山口組にとって田岡三代目時代からの悲願だった東京の直系組織が誕生したのである。

最高顧問として迎えられ、活躍が望まれていた矢先の07年、工藤最高顧問は都内の自宅で遺体となって発見される。近くに拳銃が落ちていたことから自殺とみられたが、またも業界中は騒然となった。亡くなる直前、都内で死者を出す抗争事件が山口組と住吉会の間で発生したため、工藤最高顧問の死との関係性が取り沙汰されたが、真相は現在も不明のままである。

日本のヤクザ60

山口組の先兵として君臨した 揺るぎない「九州のドン」

伊豆健児

五代目山口組顧問
伊豆組初代組長

1928—1993

いず・けんじ●1928年、福岡県生まれ。終戦直後の博多・中洲で愚連隊として暴れていたところを地元の梅津会に誘われて渡世入り。59年頃、別府の石井組・石井一郎組長と兄弟盃を交わし、61年には独立して伊豆組を結成。同時期に石井組長の紹介で田岡三代目から親子盃を受けて直系若衆となっている。以降は山口組の先兵として九州の地元勢力を相手に戦って勢力を拡大し「九州のドン」といわれる。山口組五代目体制では顧問を務めて、93年に死去。

13歳で海軍の少年兵に志願した伊豆健児組長は、1944年に外地より戦況悪化のために帰還すると、終戦直後の福岡・中洲の街で愚連隊を結成し、暴れん坊として一躍、名前が知れ渡ったという。その腕っ節の強さを買われキャバレーの用心棒をしていた際、当時の中洲で勢力を伸ばしていた梅津会に幹部待遇で迎え入れられて、ヤクザ人生をスタートさせた。

さらに勢いを得た伊豆組長は、博多一帯で男を売り出していたが、59年頃、同じく九州の大分・別府で名を上げていた石井組の石井一郎組長と出会って兄弟分の盃を交わした。

61年には梅津会から独立して伊豆組を結成、芸能興行の「伊豆興行社」を設立すると、同年に石井組長が田岡一雄三代目から盃をもらって山口組直参になったのをきっかけに、石井組長の紹介で伊豆組長も田岡三代目から親子盃をもらい直系の若衆となったのだ。

62年に起きた石井組組員の通称〝夜桜銀次〟こと平尾国人が九州の暴力団員に射殺された「博多事件」では、伊豆組長は山口組の先兵役を担って九州各地の地元組織と武装対峙。凶器準備集合罪などで懲役2年の判決を受けて服役したものの、この事件で山口組内外に存在感を見せつけた。以降の伊豆組長は福岡を中心として急速に勢力を拡大していったのである。

81年に田岡三代目が死去すると、続いて起きた跡目争いでは竹中四代目を支持し、四代目体制発足に大きく貢献した。

また、山一抗争中の86年、久留米の独立組織・道仁会との「山道抗争」では地理的な関係から深く関与したこともあって、死傷者を伴った激しい抗争事件に発展。だが、87年に道仁会の古賀磯次会長が服役を終えて刑務所から出所すると、山口組側の代表として抗争合意の手打ちの儀を執り行ったのである。

そんな伊豆組長に対し、山口組としては三代目時代から何度となく最高幹部就任の打診を行ったとされるが、固辞し続けてきたといわれる。存在感は最高幹部クラスで、山口組九州勢のまとめ役として活躍。「九州のドン」として、押しも押されもせぬ存在となったことから、四代目体制では請われるようにして舎弟頭補佐のイスに座ったのだ。

渡辺五代目体制が発足すると、益田組・益田佳於《よしお》初代組長、小西一家・小西音松初代総長らとともに「顧問」に就任する。総本部での毎月の「定例会」にはシルクハットをかぶって出席する姿がよく見られたことから、「シルクハットの親分」としても知られた。武闘派のイメージが強いが、気さくで偉ぶることを嫌った伊豆組長は93年、心不全により死去した。

一和会会長に「引退勧告」を突きつけて解散を決断させた
英五郎
五代目山口組若頭補佐 英組初代組長

1935—

はなぶさ・ごろう●1935年、大阪府生まれ。戦時中に疎開した福岡で、終戦直後から愚連隊を率いて暴れ回った。だが、警察の厳しい取り締まりにあい、新天地を求め配下とともに大阪へ向かった。69年に英組を結成すると、71年に三代目山口組直系の小西音松総長が率いる小西一家に加入し、73年には同組織若頭に就任した。84年、山口組直参に昇格し、89年に五代目山口組が発足すると、若頭補佐、大阪中ブロック長を兼任するなど要職を歴任し、2013年に引退。

1969年に大阪・西成区の天下茶屋で英組を結成した。71年には三代目山口組若中だった小西音松総長の率いる小西一家に加入すると、わずか2年後に英五郎組長は同一家若頭に抜擢された。その後、84年に四代目山口組が発足すると直参に昇格し、89年に発足した五代目山口組体制では若頭補佐に任命され執行部入りを果たしたのだ。

そんな英組長は山口組の重鎮ながら、随一の論客としても有名で、とくに84年に勃発した「山一抗争」時の活躍はよく知られている。山口組の熾烈な報復攻撃により、有力幹部組長らの離脱が相次ぎ、一和会の敗色は日増しに濃くなっていた。それでもなお一和会・山本広会長は、わずかばかりの手勢と側近幹部らに支えられ、自身の引退と一和会解散による抗争終結への決断を逡巡していた。その頃に英組長は「引退勧告文」を週刊誌の誌面を通じて山広（山本広）会長に突きつけ、一和会解散と山広会長の引退を迫ったのだ。

〈――すでに抗争の大勢は決している。これ以上の抗争継続は、抗争の早期終結を待望する世論に背くばかりか、抗争による犠牲者を増やすことにもなる。〉

実は、この引退勧告を迫った背景には、別の理由があった。当時、組員らの離脱が相次ぐ一和会で、決死の覚悟でつき従っていたのが、同組織気鋭の若手、大川健組・大川健組長だった。そんな急先鋒、大川組長の存在は、山口組にとっては厄介で、このままだと大川組長が標的にされるのは必至だった。その危機に立ち上がったのが英組長だった。抗争勃発で敵同士となっていたが、大川組長は英組長にとり、実の兄弟同様に育った従弟だったのである。とはいえ、敵同士となれば、そこに肉親の情が入り込む余地はないのが渡世の厳しさだ。

〈大川を殺らなければならない時がくれば、わしが殺る。(中略)それが従弟の健にしてやれる、わしのせめてもの情けだ。〉――英組長もそう覚悟していたが、「死なせずにすむものなら」という追いつめられた者への憐憫《れんびん》の情もあった。その思いに駆られての「引退勧告文」だったとされる。その後、山広会長は引退と一和会の解散を決意。大川組長も無事にすんだことから、山一抗争での英組長を陰の功労者と呼ぶ同業者は少なくない。

その後も英組長は、五代目体制で若頭補佐として、ブロック制が敷かれると大阪中ブロック長に就任し、2005年に六代目山口組が発足すると舎弟に直った。

そして13年に78歳で引退するまで現役を貫く一方、政治、文化、宗教、スポーツなど、活動は多種多様な分野に及んだ。現在もSNSを駆使して自身の考えを発信し続け、意気軒昂である。

菱の関東・東北侵攻に貢献 武闘派でかつ経済力は随一

後藤忠政

五代目山口組若頭補佐
後藤組組長

1942—

ごとう・ただまさ●1942年、東京都生まれ。祖父は伊豆箱根鉄道などを興した実業家で、戦争の激化を受け祖父が住む静岡県富士宮市で育つ。30歳のときに初代川内組に所属。72年、富士宮市に後藤組を結成すると、静岡県東部に勢力を拡大。77年に川内組が分裂状態に陥ると伊堂敏雄・伊堂組組長の舎弟となり、84年に山口組直参に昇格した。以降、山一抗争、山口組の関東・東北進攻作戦に貢献。2008年、山口組から除籍処分を受け引退した。

後藤忠政組長は渡辺五代目体制下の「最後の若頭補佐」として2002年に昇格した。当時、最も若い執行部メンバーとして〝ニューリーダー〟と目されていたが、05年発足の司六代目体制では舎弟に直り、執行部を支えた。

元来は「ボンノ」こと菅谷政雄・菅谷組組長の舎弟で〝北陸の帝王〟と呼ばれた川内弘組長が率いる「初代川内組」の出身。1972年、静岡県富士宮市に後藤組を結成すると、富士宮市をはじめ静岡県東部に勢力を拡大、武闘派軍団の名を欲しいままにしたのだ。

しかし77年に、川内組長が親分である菅谷組長の配下組員に射殺され、同組は四分五裂の状態になると、後藤組長は山口組直参だった伊堂《いどう》敏雄組長が束ねる伊堂組に舎弟として移籍。以降も静岡県下で着実に勢力を拡大し、84年の竹中四代目誕生時に伊堂組長が引退すると、山口組直参に昇格、竹中組長から親子盃をもらった。

同年に始まった「山一抗争」では、持ち前の武闘派ぶりをいかんなく発揮。なかでも特筆すべきは、一和会・山本広会長宅への〝ダンプカー特攻〟だ。同組幹部らが工業用ダイナマイトと拳銃で武装し、ダンプを走らせ兵庫県警の厳重な警備を正面突破。銃を乱射しながら山本会長宅に突撃したのである。この実績により、「過激武闘派・後藤組」「東海道の暴れん坊」の名をさらに高めた。

89年に発足した渡辺五代目体制では若中として「組長秘書」を務める一方、いち早く東京で活発な経済活動を展開させ、山口組東京進出の先駆的働きを示した。さらに、東北進攻の先兵隊として東北地方にも勢力拡大を図るなど、山口組の関東・東北進攻作戦における貢献度は非常に高い。

本格的な武闘派というイメージが強いが、経済センスも抜群で、豊富な資金力は一般社会でも認知されている。同時に幅広い交遊関係は芸能界にもおよび、2007年に警視庁北沢署巡査長のパソコンから捜査情報が漏出した際には、元グラビアアイドル、元レースクイーンの女優、現役タレントらが後藤組長の愛人として把握されていることも発覚した。

そして08年、後藤組長が開いたゴルフコンペに演歌歌手らが参加したと週刊誌で報じられる。山口組執行部は病気を理由に本部定例会を欠席しながらゴルフコンペを開いたとして、後藤組長を山口組から除籍。後藤組長は引退したのだ。

その後、09年に天台宗の寺院で得度、法名・忠叡《ちゅうえい》を名乗る。さらに同年、自叙伝『憚りながら』(宝島社)を出版しベストセラーとなった。11年頃からカンボジアに移住し、その後国籍を取得。政財界に顔が効き、現在は実業の傍ら、ボランティア活動にも専念しているという。

ヤクザ氷河期にトップ就任 巨大組織の舵取りに注目

関功

住吉会会長
共和一家六代目総長

1946—

せき・いさお●1946年、千葉県生まれ。堀政夫住吉一家五代目の下に19歳で入門し、部屋住み修業を始めた。95年に住吉会の副会長、ならびに幹事長代行として執行部に参画。98年には千葉県富里市に本拠を置く共和一家の六代目を継承した。同年に住吉会の渉外委員長、2002年には住吉会の理事長を拝命した。05年に当時の福田晴瞭住吉会会長が住吉一家七代目総長を継承した際、住吉会の会長代行に就いた。14年に住吉会会長に就任した。

1998年に福田晴瞭特別相談役が住吉会会長に就任して以来、16年間守ってきた会長の座が、14年に関功会長へと譲られた。

関会長が六代目総長として率いてきた共和一家は江戸時代末期から続く名門博徒組織。千葉県のみならず東京、埼玉、茨城にも勢力を及ぼすなど住吉会でも有力団体の一つに数えられている。その六代目総長として、98年の継承以来、一家を統率してきたこともあって、すでに知名度もあり、その優れた器量も広く知られていたのだ。また、住吉会でも2005年から実質的ナンバー2である会長代行を務め、福田特別相談役を全力で支えつつ、組織の要役として辣腕を振るってきたことから、住吉会トップの継承は、時間の問題といわれていたのである。

関会長が住吉会会長を継承した時期は、ヤクザ組織は反社会勢力であるという社会の認識が強まっていた。それだけに当時、山口組、稲川会と並んで三大ヤクザ組織の一つとして知られていた住吉会は、世間の逆風にさらされることになったのだ。

こうした状況下、住吉会の定例会で、およそ300人もの幹部が集まるなか、関会長就任が発表された際には万雷の拍手が起きたと報道された。逼塞《ひっそく》する幹部らにとっても、新たな時代の始まりが期待されるものだったといわれる。継承式の直後、直系組織の親分衆と盃直しを行い、傘下団体の63名が舎弟、22名が子として関会長から盃を受けた。これにより住吉会トップとしての擬制血縁関係ができあがったことになった。

だが、会長就任からは順風満帆とはいえず、就任の翌年の15年には千葉県の統一地方選挙にからむ公職選挙法違反で逮捕され、また、翌16年には特殊詐欺の使用者責任で西口前総裁や福田特別相談役らとともに被告となるなど厳しいスタートとなっている。

一方、15年の山口組分裂の際には、直後に最高幹部ら十数人とともに六代目山口組総本部を訪れて、司六代目と会談をするなど外交活動にも積極的な姿勢を見せた。この訪問時に、有力幹部で住吉会総本部長を務める加藤英幸・幸平一家十三代目総長が同行しなかったことも大きなニュースとして伝えられた。山口組とは交流こそあるが、とくに友好団体ではなかったにもかかわらず、分裂から1カ月程度の緊張状態のなかで総本部を訪問したのは、旗幟鮮明《きしせんめい》にするだけではなく、その動向を探り関東への影響をにらんだものだといわれ、巨大組織のトップにふさわしい行動とされている。

ますますヤクザ組織に対する風当たりが強まり、難しい舵取りが要求されるなか、関会長の手さばきには各方面から視線が集まっている。

日本のヤクザ64

分裂危機の回避に奮闘 欲ではなく徳を優先した

角田吉男

稲川会四代目会長
七熊一家五代目総長

1932―2010

つのだ・よしお●1932年、神奈川県生まれ。横須賀一家の石井隆匡五代目総長（のちの稲川会二代目会長）の下で修業を積み、角田組を結成し博徒として生きた金筋ヤクザ。稲川会の稲川裕紘三代目会長とは同じ釜の飯を食った間柄だった。実力が認められ千葉県船橋市にある京葉七熊一家（現・七熊一家）の五代目を継承。石井二代目時代に理事長補佐に抜擢、裕紘三代目時代に理事長を13年間も務めた。2006年に稲川会四代目会長に就任。10年に死去した。

角田吉男会長は昭和一桁生まれのヤクザであり、派手な振る舞いよりも一貫して博徒として生きたことから、周囲の高い評価を受けていた。四代目会長に就こうという意欲は当時74歳という年齢もあって、まったくなかったとされている。

角田会長が四代目候補と噂された当時の稲川会は、2005年に稲川裕紘三代目会長が死去してから当代不在中で、話し合いの結果、1年間の喪に服すことが決まっていた。角田会長はこの状況下、組織維持のために自身は理事長から特別顧問となって尽力を重ねた。そして、新しい理事長には浅井信吾六代目一之瀬一家総長を選出。さらに、本部長には稲川聖城総裁の孫で、また裕紘三代目の実子でもある直参幹部を就かせることで、組織内の安定と融和を図った。

だが、実際のところ稲川会内部では、自派から会長を生み出そうという横浜派、熱海派、川崎派の3派間で熾烈な綱引きが行われており、不穏な空気に包まれていたのだ。川崎派の筆頭は二代目山川一家（当時稲川会会長補佐の清田次郎総長・現稲川会五代目会長）であり、角田会長に強く出馬を促していた。横浜派の杉浦一家は、当時、稲川会会長補佐だった杉浦昌宏総長の舎弟である浅井信吾総長を担いでいたが、情勢からそれを諦め、角田会長を推す川崎派に賛同した。その結果、稲川会は角田派と三代目実子派（熱海派）に二分されることになった。

06年、稲川会は分裂状態のまま代目継承式を挙行する。角田会長は横浜市都筑区の二代目山川一家池田組本部事務所（現・十二代目小金井一家本部）で四代目継承式を行い、三代目実子は熱海市咲見町の稲川会本家で五代目継承式を行った。前代未聞の出来事で、ヤクザ業界は誰もが驚かされることになったのだ。稲川総裁は孫の継承式には出席せず、角田会長の代目継承式に臨席。稲川会そのものといえる稲川総裁が出席したことにより、角田会長が正式な四代目となったのである。

その後も分裂状態は続いていたが、角田会長と三代目実子が会談。三代目実子が「自分を推してくれた人間らを冷遇しないでほしい」という希望を出し、角田会長がそれを了承。ようやく事態は落ち着きを取り戻し、角田四代目体制がスタートした。

ヤクザ組織のトップを奪い取るのではなく、推されるかたちで頂点に座った角田会長はまぎれもなく調整役だった。組織の安定を強く願っていたこともあり、その意味では成功したといえる。しかし、もともと高齢であり、また大組織のトップに君臨するという我欲もなく、当然ながら長期政権を望んだわけでもなかったという。10年、就任から4年足らずで角田会長は膵臓癌により死亡。稲川会の創設以来、最大の波乱の時代を乗り切った会長だった。

日本のヤクザ⑥⑤

関東の大軍団を先頭で鼓舞 稲穂の代紋に団結を誓う

清田次郎

稲川会五代目会長
二代目山川一家総長

1940—

きよた・じろう●1940年生まれ。川崎で愚連隊を率いていたとき、のちに稲川会最高顧問となる山川修身・山川一家総長と出会って愚連隊ごと入門。修業を重ね一家の若頭に就任し、若くして稲川会の執行部入りも果たした。92年、稲川会三代目体制において二代目山川一家を継承。2006年に稲川会四代目体制が始動すると理事長を拝命した。08年には現在の内堀和也稲川会理事長へ一家の跡目を譲って理事長職に専念。10年に稲川会五代目会長に就任した。

若い頃には神奈川県・川崎で、最も凶暴な一派と恐れられた総勢80名を超える愚連隊を率いていたという。

あるとき、街中において稲川会傘下で山川一家を創設したばかりの山川修身初代総長と知り合った。山川総長は稲川会の創設当初からの大幹部で、稲川聖城総裁が最も信頼を寄せる懐刀だった。清田次郎会長と出会った頃はイケイケの絶頂期にあったとされる。

清田会長は、山川総長の荒っぽいながらも懐の深さに惹かれ、また山川総長もすぐに清田会長のなかにヤクザとしての素質を見抜いた。清田会長はさっそく山川総長から子の盃をもらって一家に入り、厳しい修業に耐えた。また、つねに山川総長のそばから離れず、山川総長が示す一挙手一投足を心に焼きつけたのだ。それにより、稲川総裁から一直線につながる稲川会ヤクザの伝統を体の隅々にまで染み込ませることができたという。次第に清田会長は一家内で頭角を現し、入門からそれほど時間を経ずして若頭に昇格する。だが、そこで気を緩めることなく、いっそう真面目にヤクザの道を突き進んだ。

90年に、引退した石井隆匡二代目会長の跡目を稲川総裁の実子である稲川裕紘会長が継承した。それと同時に、山川総長は稲川会の理事長に就任。その2年後に山川総長は稲川会最高顧問となり、また一家の跡目を清田会長へと譲って、山川一家二代目体制がスタートした。

一方、清田会長は稲川会本部でも早くから運営委員長、理事長補佐、会長補佐などといった執行部の重職を歴任してきており、組織運営のキャリアは十分に積んでいたという。

2006年に、前年に惜しまれつつ亡くなった稲川三代目の跡目を継承し、角田吉男四代目体制が始動。角田四代目の下、清田会長はナンバー2にあたる理事長に就き、組織のさらなる拡充に奔走した。2年後の08年には山川一家の跡目を、若頭を務めていた現在の内堀和也稲川会理事長に禅譲し、自身は理事長職に注力したのだ。

しかし、清田会長はじめ執行部らの懸命の支えにもかかわらず、角田四代目は病に倒れ、10年に息を引き取った。清田会長は悲しみのなか、同年に五代目会長を継承した。生前、全幅の信頼を寄せていた角田四代目は、清田会長を跡目に指名していたとされる。そのため組織内には、次期会長は清田会長だという雰囲気ができあがっており、スムーズな跡目のバトンタッチだったという。

11年に傘下組織が離脱して独立組織として活動を始めるといった混乱もあったが、16年に稲川会に円満復帰を遂げており、いま五代目体制は円熟期を迎えている。

日本のヤクザ㊻

稲川会でも随一の切れ者
大軍団の屋台骨を支える

内堀和也

稲川会理事長
三代目山川一家総長

1952—

うちぼり・かずや●1952年、神奈川県生まれ。大学生だった20歳のときに稲川会の清田次郎五代目会長と縁を持った。その後、30代前半頃に山川一家で渡世入り。経済に強く実業家としても活動している。二代目山川一家若頭、その傘下の内堀組組長として川崎一帯での闇金や不良外国人、さらには代紋違いのヤクザなどの横行跋扈を許さないという武闘派でもある。2006年には六代目山口組二代目弘道会の竹内照明若頭（当時）と五分の兄弟盃を交わした。

大卒の経歴を持つヤクザはいまどき珍しくもないが、卒業後にカタギとして10年近く過ごしたあとで稼業入りするケースはかなりレアといえるだろう。

5人兄弟の末っ子で、母親は内堀和也理事長を産んですぐに亡くなり、父親によって育てられている。経済的に恵まれなかったが、学生時代は生徒会活動も熱心に参加し、優等生として過ごしていたという。そして大学生時代の20歳の頃、ふとしたきっかけで山川一家の清田会長と知り合って、組事務所に出入りすることになるのだ。そこで清田会長と毎日のように顔を会わせるうち、剛毅な男気と、それでいながらスタイリッシュで紳士的な振る舞いにグイグイと惹かれていったという。

当初はまったくヤクザに興味はなかったようだが、清田会長を慕う気持ちを抑えることができず、ついに渡世入りを決意した。正式に盃をもらったのは30代前半だった。比較的にかなり遅い入門といえる。しかし清田会長から非凡なヤクザの才能を見出され、マンツーマンの英才教育を受けたことで、スロースタートを取り戻すような驚異的なスピード出世を果たしていく。山川一家では幹事長などの要職を歴任し、清田総長を最も間近で支える若頭に就任したのだ。

2001年には、その実績と技量が稲川聖城総裁と稲川裕紘三代目から高い評価を受け直参へと昇格。その後、稲川会で会長付、本部長補佐、理事長補佐など、いくつもの重職を経験し、最高幹部としてのキャリアを積み重ねる。

そして06年に六代目山口組二代目弘道会の竹内照明若頭（現六代目山口組若頭補佐・三代目弘道会会長）と五分義兄弟盃を交わした。それにより生まれた東西の大組織のニューリーダー同士を結ぶ絆には、業界中から多くの視線が集まったのである。

08年には三代目山川一家総長に就任し、清田五代目会長が誕生した10年には理事長、すなわち稲川会のナンバー2に就任した。

15年の山口組分裂のときにはいち早く山口組総本部を訪れ、兄弟分である竹内若頭補佐をサポートする姿勢を見せたとされる。スマートな語り口と洗練されたルックスは、現代ヤクザの理想形そのものといえる。しかし、胸の内には清田会長から叩き込まれた、武闘派である山川一家の伝統が脈々と息づいているのだ。また、苦労を知るだけに若い者たちの心情がよくわかり、彼らとの信頼関係は非常に強固だという。腰が低く丁寧で、とくにカタギからの人気も高い。

現代のヤクザ社会を代表するニューリーダーといくら喧伝されようとも、決して浮かれることなく、稲川会の不変の神髄を胸に深く刻む内堀理事長が、次世代へとつながる扉を開けるに違いない。

知略に長けて信義に厚い激戦地大阪の武闘派親分

大原宏延

六代目山口組本部長
大原組組長

1946—

おおはら・ひろのぶ●1946年生まれ。大原本部長は宅見勝若頭が率いた初代宅見組の出身で、89年に渡辺芳則五代目から親子盃を受けて直参昇格を果たした。もとは"ボンノ"こと菅谷政雄組長率いる菅谷組に所属していたが、81年の菅谷組の解散に伴い、縁あって初代宅見組に移籍し、宅見組長から盃を受けた経歴を持つ。その実力は折り紙付きで、直参昇格後は幹部、若頭補佐を経て本部長に昇格。六代目山口組の要役として活躍している。

大原宏延組長は山口組のいわゆる〝五代目世代〟と呼ばれる直系組長。もともと所属していた菅谷組は81年に解散の憂き目に見舞われたが、縁あって初代宅見組に加入すると、本部長を務めるなど、組織の中枢で本格的な活躍を見せた。

同じ初代宅見組で舎弟頭だった山下組・山下大介組長（引退）が89年に山口組の直参に昇格したあと、代わって同組の舎弟頭を務めていたが、その半年後には自身も山口組の直参に昇格するなど、順風満帆のスピード出世を果たした。

親分だった宅見勝若頭からの信頼も非常に厚く、五代目体制の要役で多忙を極めた同若頭の側近として補助する姿が注目されるようになり、「総本部当番長」に抜擢された。その後、93年には「組長秘書」に登用されるなど、山口組の次代を担う若手のホープとしてみるみる頭角を現した。ところが、95年に未曾有の大災害である「阪神・淡路大震災」が発生。山口組は素早く救援活動に着手し、被災者がひしめく避難所などへの物資の運搬活動などを精力的に行ったことは有名な話だが、無論、大原組長もこの任俠精神に全身全霊を傾けて協力している。

97年に突如として発生した「宅見事件」後は、親分の宅見組長を失って動揺を隠せない宅見組関係者を、陰に陽に励まして支え続けたという。そして、同じ宅見組出身の倉本広文若頭補佐（故人）とともに、入江禎《ただし》組長の二代目継承に尽力したことは広く知られている。二代目宅見組組長に就任した入江組長の継承式も大原組の組事務所で執り行われたほどで、それだけ両者の信頼関係が強固なものであったと推察できる。

信義に厚く人徳にも恵まれた大原組長は、次代の山口組を背負って立つ逸材として、2005年に司六代目体制が発足すると、新設された「幹部」へと抜擢された。12年には若頭補佐に昇格、執行部に名を連ねた。

同年には「大阪南ブロック」のブロック長となり、さらに翌年には「本部長」を任され、〝山口組カンパニー〟の一つである「東洋信用実業株式会社」の代表も兼任するなど、近年はめざましい躍進ぶりで髙山清司若頭不在の組織運営に尽力していた。

ところが、15年8月末に山口組が分裂。固い絆で結ばれていた入江組長は新たに結成された神戸山口組に参画し、六代目山口組に残留した大原本部長と袂《たもと》を分かつことになってしまった。

衝撃の分裂劇から1年あまり、両組織は抗争状態にあり、六代目山口組の本部長である大原組長もまた、予断を許さない状況といえよう。

激戦区で名門組織を率いる新たな「九州のドン」の矜持

青山千尋

六代目山口組舎弟頭
二代目伊豆組組長

1946—

あおやま・ちひろ●1946年、福岡県生まれ。地元では知られた名門の家系に生まれ、「坊ちゃん」と呼ばれて育ったという。その一方で少年時代は暴れん坊で鳴らし、16歳のとき地元組織につながる親分の盃を受けて渡世入り。30代の頃に"九州のドン"と呼ばれた三代目山口組直系の伊豆健児・伊豆組組長の知遇を得て移籍した。生来の猛者だった青山組長はメキメキと頭角を現し、93年に山口組直参昇格。若頭補佐を経て現在は舎弟頭を任されている。

青山千尋組長は、五代目山口組で顧問を務めていた〝九州のドン〟こと、伊豆健児組長が死去したことから、1993年に伊豆組の跡目を継承して二代目組長に就任した。その後に渡辺五代目から親子盃をもらって直参に昇格を果たしている。

少年時代は地元の福岡で、誰の手にも負えない暴れん坊として名を轟かせていたという。17歳の頃には、大阪から小倉に遊びに来ていたヤクザのグループと、酒の上でのささいなトラブルから大乱闘となったことで少年鑑別所に送られてしまった。出所後、再び別の傷害事件で指名手配されたことで九州から離れて生活していたが、20歳のときに福岡へと戻ったのだ。

そのまま福岡でヤクザ稼業を続けていたが、78年に縁あって伊豆組長の知遇を得た。だが、すぐに親子や兄舎弟の関係を結ぶことはなかった。

それから1年間ほど、盃関係が存在しない状態で伊豆組長の側近のように過ごすうち、伊豆組長の人柄に惚れ込み、正式に盃をもらったのである。伊豆組長も青山組長の力量を早いうちから高く買っており、正式に組織へ入ることになった際、「若衆」としてではなく「舎弟」として迎え入れたという。

当時、青山組長はまだ33歳という若さだったが、すでに〝九州のドン〟の舎弟に座るほどの力量を備えていたことがわかる。以後、伊豆組長の有能な参謀として、あらゆる場面において活躍。89年からは伊豆組で若頭を務めるなど組織の発展に多大な貢献を果たした。その後、伊豆組の二代目を継承し、山口組の直参に昇格してからは「総本部当番長」を務め、若手実力派組長として実績を重ねた。

2005年に司六代目体制がスタートすると若頭補佐に名を連ねた。さらに「中四国・九州ブロック」から「九州ブロック」が再分割され、そのブロック長に就任した。15年に起きた想定外の山口組分裂のあとは舎弟に直り、重鎮ぞろいの舎弟衆を束ねる舎弟頭に昇格している。

九州は四社会（五代目工藤會、道仁会、太州会、三代目熊本會）をはじめとする武闘派の独立団体がひしめく日本有数のヤクザ激戦区だ。その鉄火場で六代目山口組の代紋を死守している直系組織は、四代目石井一家（幹部・生野靖道総長＝大分）、三代目稲葉一家（直参・田中三次組長＝熊本）、一道会（直参・一ノ宮敏彰会長＝福岡）、そして青山組長が率いる二代目伊豆組である。

先代の伊豆組長から受け継いだ任俠の矜持は、青山組長に〝新・九州のドン〟たる風格を漂わせ始めている。

日本のヤクザ⑥⑨

宅見若頭のDNAを継承 新天地でも辣腕を振るう

入江禎

1944—

神戸山口組副組長
二代目宅見組組長

いりえ・ただし●1944年、愛媛県生まれ。高校中退後、大阪に出て山口組の直系組織だった福井組に入門。76年には同組の先輩で、のちに五代目山口組若頭となる宅見勝・初代宅見組組長が、福井組若頭から山口組直参に昇格した際に宅見組へ移った。97年に宅見組長が射殺されると二代目組長となり山口組直参に昇格。2005年の司六代目体制の発足時に総本部長に就任した。13年には舎弟頭となったが15年に山口組を離脱。神戸山口組で副組長の重責を担う。

入江禎副組長は地元愛媛の高校を中退後、大阪に出てミナミの賭場に出入りしていたとき、宅見勝・初代宅見組組長が所属していた三代目山口組の直系組織・福井組（福井英夫組長）の関係者と知り合って、渡世をスタートさせた。宅見組長から気に入られ、当時から行動をともにしており、福井組では幹部を任されていた。

1976年に、福井組で若頭を務めていた宅見組長が山口組直参に昇格すると宅見組に移籍。すぐに若頭補佐に任命され、宅見組傘下で勝心《しょうしん》連合を結成した。その後、本部長に抜擢され、84年には若頭に就任した。

89年に山口組で渡辺芳則五代目体制が発足すると同時に宅見組長は若頭に就任。宅見組長が多忙を極めたため、全幅の信頼を寄せられていた入江副組長が宅見組を切り盛りするようになった。組織運営や対外的なつきあいなどは、すべて入江副組長に一任されていたという。

また、宅見組は75年から始まった「大阪戦争」や、84年の竹中正久四代目誕生が発端となった「山一抗争」で果敢な戦いぶりを示し、武闘派としての顔を周囲に知らしめた。その宅見組の血気盛んな組員らを、宅見組長に代わって入江副組長は束ねてきたのである。そうした優れた手腕を持つ入江副組長に、宅見組長はことあるごとに山口組の直参昇格の話をしたが、そのたび「自分は親分についていくだけ」と答えて子分としての姿勢を貫いたとされる。

ところが、97年に固い信頼の絆で結ばれた親子の縁が突如として断ち切られる事件が発生する。宅見組長が総本部からの帰り、新神戸駅近くのホテルのラウンジで最高幹部らと談話しているところを、中野会（五代目山口組若頭補佐・中野太郎会長）系組員で構成されたヒットマンらに射殺されたのだ。入江副組長は悲しみに打ちひしがれながらも気丈に葬儀を執り仕切り、同年に二代目宅見組組長を継承して山口組の直参に昇格した。事件により中野会は絶縁されたが、宅見組は敵討ちを忘れることなく、次々と中野会の最高幹部らに報復を加え、改めてその戦闘力の高さを見せつけた。

2001年には、その高い実務能力を買われ、入江副組長は総本部当番責任者に登用される。さらに、五代目体制の終わり間際だった05年には若頭補佐に任命され執行部の一員となった。同じ年に司六代目体制が始まると、総本部の最高責任者である「総本部長」に就任し、実質的なナンバー3として重責を担ったのである。

13年、舎弟に直って舎弟頭に就任したが、15年に宅見組を率いて山口組を離脱。神戸山口組に参画し、副組長として井上組長を支えている。

業界随一の資金力を擁する神戸山口組の「金庫番」か!?

池田孝志

神戸山口組舎弟頭
池田組組長

1945—

いけだ・たかし●1945年生まれ。92年に岡山で地盤を構える六代目山口組顧問・大石誉夫組長（引退）が率いた大石組（岡山）から直参に昇格した。渡辺五代目から親子盃を受けた「五代目世代」の直系組長。多団体がひしめく「ヤクザ激戦地」の山陽道において、池田組長は先代から受け継いだ菱の代紋を死守しながら友好的な関係を築いた。また、優れた経営手腕と強固な経済基盤を持っているとされ、突出した資金力は神戸山口組随一といわれている。

池田孝志組長のかつての親分だった大石誉夫・大石組組長（引退）は、1961年に愛媛県新居浜市から瀬戸内海を渡って岡山に進攻したことで知られる。地元組織と激しい抗争を重ねながら地盤を広げたことは、いまや伝説として語り継がれている。その大石組長の下、他団体との抗争の日々の中で先陣を切って活躍したのが池田組長だったという。

当時から、池田組長は大石組の実力者としてその名を轟かせており、82年には37歳の若さで若頭に就任。組織の要役として大石組の勢力拡大に大きな貢献を果たしたのだ。

その後、直系組長に昇格するまで10年以上にわたって大石組の屋台骨を支え続けた。とくに、大石組長が山口組の最高幹部に就任し多忙を極めるようになってからは、その舵取り役も担った。粉骨砕身の働きで組織を束ねた実績は、他組織からも高く評価されたのである。

大石組が地盤とする岡山は、田岡三代目時代から山陽道における山口組の要衝と位置づけられていた西日本のヤクザ激戦区の一つ。大石組の若頭として「菱の代紋」を死守した池田組長の手腕は折り紙つきだ。

92年に直参昇格後も、その経験と実力をいかんなく発揮して頭角を現し、93年には「組長秘書」に抜擢された。

武闘派として知られる池田組長だが、非常に強固な経済基盤を持ち、経営スキルにも優れている。さらに、その人脈の広さと優れた外交手腕は山口組だけでなく、他団体からも高い評価を受けていた。それだけに、総本部長補佐として活躍したのち、2005年の司六代目体制発足時には新設の「幹部」に抜擢されたのも、十分うなずける人事だった。

05年暮れの大晦日、山口組を代表するかたちで3人の直系組長が「神戸護国神社」に初詣参拝した。拝殿内には井上邦雄若頭補佐、毛利善長幹部（役職はいずれも当時）と並んで池田組長の姿もあった。この重要な3人に池田組長が選ばれたのは、山口組上層部からの期待と厚い信頼があったからとされている。

07年に若頭補佐に取り立てられて執行部入りすると同時に、「中四国ブロック」のブロック長にも就任。ブロック内での和を保つことに尽力していたが、13年には「舎弟」に直っていた。

15年8月末、突然に発生した分裂騒動で池田組は、山健組や宅見組とともに六代目山口組から離脱し、新たに結成された神戸山口組に参画した。新組織では舎弟頭を拝命し、武闘派としての心意気と近代的な経済センスは今後も維持されていくはずである。

豊富な経験と博識の親分
神戸山口組随一の「知恵袋」
正木年男

神戸山口組総本部長
正木組組長

1947―

まさき・としお●1947年生まれ。渡辺五代目体制が発足した89年に山口組直参に昇格した。正木組長は田岡三代目時代の直参だった中谷利明組長が率いた中谷組の出身。84年に勃発した「山一抗争」では、ほかの組織に先駆けて戦勲を挙げた。しかし、その代償として長期の服役生活を経験している。武闘派としての輝かしい経歴もさることながら、実務能力にも長けており、「六神抗争」では、一部マスコミなどを介した“情報戦”の中心人物ともいわれている。

正木年男組長は、山口組岐阜勢の筆頭格として、東海地域で揺るぎない勢力を長きにわたって維持した中谷組の出身。渡辺五代目の舎弟だった中谷利明組長は、89年に病気を理由に惜しまれつつ引退し、同時に中谷組も解散となった。しかし、同年の暮れ、その中谷組から、手腕と実績を評価された正木組長が独立。渡辺芳則五代目から親子盃をもらって直参へと昇格したのだ。

中谷組の傘下当時から、強豪がひしめく山口組でも武闘派の最右翼として定評があった。過去数々の抗争事件では自ら先頭に立って暴れ回り、つねにその戦闘力を他組織に見せつけてきたという。また、抗争事件に関与したことでの長期服役も経験しており、中谷組発展の功労者としても高い評価を得ていたのである。

その最たる例が「山一抗争」だといわれている。85年には一和会が放ったヒットマンによって竹中正久四代目らが射殺された。この事件をきっかけに、山口組と一和会との間で勃発した抗争は一気に激化するが、射殺事件後に、どの傘下組織よりも真っ先に竹中四代目の報復攻撃に走ったのが正木組だった。地元の福井・敦賀の一和会系組事務所を襲撃するなど、数次にわたって報復戦を展開。多大な戦果を挙げ、「竹中四代目射殺事件の報復で一和会に〝一番槍〟をつけた組長」として、その行動力と戦闘性が高く評価された。

こうした過去の抗争での戦勲から武闘派のイメージが強いが、95年に発生した「阪神・淡路大震災」では、救援活動の現場指揮官を担う一方で、マスコミとの対応もそつなくこなすなど、実務能力にも秀でた博識の親分として知られるようになった。

また、渡辺五代目の側近である「組長秘書」としてのキャリアも、90年の暮れから2005年に五代目が引退するまでと長期間にわたって重ねた。その忠勤ぶりと有能な実務手腕によって、早くから最高幹部候補の呼び声が高かったという。

05年の司六代目誕生後も、引き続いて重用され新設の「幹部」へと抜擢された。その後、中部ブロックのブロック長代理を任されるなど、実質的な最高幹部としての役割を果たしていた。06年には若頭補佐に昇格して執行部に名を連ねた。12年には組長秘書の経験を買われ「本家室長」に就任し辣腕を振るったが、翌年には「舎弟」に直った。

15年8月末に山口組を離脱し、現在は神戸山口組の総本部長として〝情報戦〟の最前線に立っているといわれる。16年2月には敦賀市内にある正木組本部に銃弾が撃ち込まれる事件も発生、予断を許さない状況がしばらく続きそうである。

かつての総本部の生き字引 数多の直参が指示を仰いだ

毛利善長

神戸山口組本部長
毛利組組長

1940―

もうり・ぜんちょう●1940年生まれ。田岡三代目の側近だった中山美一組長が統率する中山組で渡世の道を歩み始めた。中山組長が引退すると、岸本才三組長がその地盤を引き継ぎ岸本組を創設。毛利本部長は岸本組で副組長を務める傍ら、竹中四代目時代には本部長、渡辺五代目時代には総本部長を務めた岸本組長の“右腕”として活躍した。六代目体制では新たに設けられた幹部に昇格したが15年に離脱。現在は神戸山口組で本部長の重職を担っている。

毛利善長本部長は、神戸市交通局の役人のまま渡世入りしたという異色の経歴を持つ岸本才三・六代目山口組最高顧問が率いた岸本組の出身。岸本組で副組長の立場にあった当時、本部長として多忙を極める岸本組長の片腕として、全面的に総本部の実務を取り仕切る〝総本部のスペシャリスト〟として知られた。常日頃から山口組総本部に詰めていた毛利本部長は、実務と警備の責任者として采配を振るなどの活躍を重ねた。このため、警察当局からは、「毛利組長の存在を知らない奴は素人」とささやかれていたという。

また、山口組の行動を監視する地元の兵庫県警捜査員らの間では、「毛利本部長は総本部に住んでいる」との噂が流れ、それを聞きつけた一部のマスコミ関係者のなかには本籍を移していると信じ込んでいた者もいたという。そうした伝説が生まれてしまうほど、毛利本部長は総本部に居続けた。

実際、毛利本部長は長期間、総本部に泊まり込まざるをえない日々が続くこともあったようだ。

竹中四代目体制で岸本組長が本部長に就任して以降、岸本組長が〝名代〟として山口組総本部の実務面を取り仕切ってきた功績は、故人となった現在でも揺らぐことはない。1997年に宅見若頭射殺事件が発生して以降、混迷を極めた山口組にあって、2005年に司六代目が若頭に就任するまでの8年間は、岸本組長が総本部長として組織をまとめ、さらに若頭と舎弟頭を兼務して結束の要となっていた。その岸本組長を傍らで毛利本部長がつねに全身全霊で支えていたことも、また、揺らぐことのない事実である。

多忙の岸本組長に仕える一方、山口組の直参に昇格する以前から総本部に詰め、五代目時代には実質的に総本部当番長の役割も果たしてきたのが毛利本部長だった。このため、岸本組長の〝懐刀〟と呼ばれ、多くの先輩直参からも全幅の信頼を寄せられてきた。その毛利本部長が山口組直参に昇格したのは98年で、長年、総本部の務めに専念してきた毛利本部長の直参昇格は、その貢献度からも当然のことで「むしろ遅すぎたくらいだ」との声もあったといわれる。

2005年にスタートした六代目体制では、その実績を買われ、新設の「幹部」に任命されたのち、当時の入江禎総本部長の補佐役である「総本部長補佐」に就任。さらに13年には「総本部事務局長」を任された。15年8月の分裂では破門処分を受けたが、離脱直前まで総本部の責任者として務めを果たしていたとされ、神戸山口組への加入は想定外といわれた。

神戸山口組で、ついに岸本組長と同じ「本部長」の役職を得たが、仕事内容は異なるとみられ、淡路島にある神戸山口組本部にはあまり詰めてはいないようである。

特別コラム③

知られざる「経済ヤクザ」の資金源

いかにして彼らは巨万の富を得たのか

弘道会とセントレア、宅見組と関空

空港、原発、大型橋梁――これらの開発事業では従来、広域暴力団が大きな利権を握ってきたとされる。広大な用地買収や埋め立てに伴う漁業権の整理、複数県にまたがる工事の利益配分から完成後の騒音対策まで、あらゆる関連事業に食い込んで巨額のカネを吸い上げてきたのだ。某組織の企業舎弟が語る。

「六代目山口組と神戸山口組の最高幹部たちを見れば、いずれもデカいシノギを手にして成長したことがわかる。弘道会がセントレア（中部国際空港）に食い込み、宅見組が関空（関西国際空港）の事業を仕切ったのは有名な話だ。ほかには福井の正木組が日本海側の原発、淡路島の俠友会が明石海峡大橋や大鳴門橋の建設にからんで力をつけた」

ヤクザが高額の上納金を納めながら大組織での出世を目指してきたのは、組織のトップに近づくほど地元政財界の「信用」がつき、大型の開発事業に食い込んで大きな利益を得られるようになる

「経済ヤクザ」の代名詞とされる五代目山口組の宅見勝若頭(宅見組初代組長)が先頭を歩く。
向かって右が豊富な資金源を抱える弘道会の初代会長、司忍六代目山口組組長

からだった。
一方、都会派のヤクザのなかにはまた別の生き方をする者たちもいた。資産インフレが続いていた高度経済成長期には、どれだけ早く動き、有望な不動産を確保するかが商売の要でもあった。
「典型的だったのが、パチンコ屋。いまは郊外型が主流だが、昔は駅前の一等地を、相場より高いカネを使ってでも押さえなければならない。当然、同業者と競合するからヤクザの腕力もいるわけだ」(西日本の金融業者)
どんなビジネスにも「汚れ仕事」の需要はあるものだが、それが最も露骨なかたちで表れたのが、バブル景気における「地上げ」だった。1980年代における地価高騰は、銀行の貸し出し競争と、それをウラで支えた地上げビジネスの共同作品だったといっても過言ではない。

不動産バブルで潤った銀行とヤクザ

日本の金融界は戦後長らく、大蔵省が主導する護送船団体制下で横並びの状態にあった。それが、80年代の金利自由化で生存競争に突入。これが不動産バブルと重なり、銀行は土地の担保さえあれば湯水のように融資を吐き出した。

この頃、ヤクザのフロント企業が主に手がけたのが「地上げ」である。銀行やデベロッパーは背後にヤクザがいることを知りつつ、あえてフロント企業を使っていた。なぜか。最大の理由は「スピード」である。正規の手続きをショートカットして、力ずくで仕事をまとめる技術だ。

毎日のように土地の値段が上がり続けていたバブル景気においては、この「能力」はとりわけ重宝されていた。開発予定地からの立ち退きを拒否する地権者や住人がいても、ヤクザは彼らの権利など意に介さない。獰猛そうな大型犬を連れた刺青の男が周囲を威嚇しながら徘徊し、糞尿や動物の死骸を住居に投げ入れ、ひどい場合にはダンプで店舗に突っ込むなどして、無理やり要求を飲ませるのだ。そのようにして地上げを素早くまとめられるということは、依頼者である企業がその分だけ土地を安く仕入れられることになり、最終的に開発を終えて売却したときに得られる利益の最大化につながる。

たとえばいま100億円で、1年後には確実に200億円に値上がりする（と思われる）土地があったとする。開発会社は2カ月間でその土地の80%までを自力で買い進めたが、よりによってど真ん中に立つアパートの住人たちが、頑なに立ち退きを拒んでいる。このままでは到底、1年で開発を終えることはできない。

そんなとき、「30億円くれれば、1カ月で確実に追い出してみせます」という地上げ屋が現れたらどうするか。相手の正体が暴力団だとわかっていても、「よろしくお願いします」といってカネを差し出す開発会社が、バブル期には実に多かったのだ。

だが、そんな夢のような時代はいつまでも続かなかった。

日本経済の変遷と山口組の分裂

90年代初頭のバブル崩壊後、ヤクザの存在は日本経済の新たな厄介事として浮上する。焦げついた融資の担保物件の多くが「暴力団がらみ」となっていたために、金融機関が不良債権処理を思うように進められなかったのだ。

ほんの少し前まで、銀行とヤクザは利益を分け合う関係だったわけだが、それもバブル崩壊を機に一変していた。両社がウラで手を結ぶことができたのは、経済の急成長にともなって、互いの取り分が自然と増えていたからに過ぎなかったのだ。

そして92年3月、暴対法が施行され、ヤクザに対する包囲網は徐々に狭まっていく。

一方、大規模公共事業にからんで大金を儲けていた面々にも、やがて冬の時代が訪れる。2001年に始まった小泉構造改革で公共事業が劇的に減り、当局の監視も厳しくなって、ヤクザが数十億から百億円もの大金を一気に手にするチャンスはほぼなくなってしまったのだ。

ところが、そんななかでも独り潤う組織があった。中部地方を地盤とする弘道会だけは、小泉構造改革から相当な恩恵を受ける結果となったのだ。

小泉政権は、派遣労働の規制緩和や円安誘導を同時に行い、輸出型産業の成長を強力にあと押しした。その筆頭格が中部地方の自動車産業である。バブル崩壊後の長期不況から日本が立ち直れたのは、中部地方を中心とする輸出産業が牽引力になったからだといえる。それを陰で支えたのが、派遣や請負など企業にとって雇用負担の少ない労働力だ。

だが、こうした人員を大量に集めるには、たんに殺風景な工業地帯に住居を用意するだけではだめだ。彼らの従事するメーカーでの部品の組み立て作業は苦痛なほど単調で、週末にはストレス発散が欠かせない。多くが独身男性である彼らは、金曜日の夜ともなると名古屋に繰り出し、弘道会が仕切る歓楽街に吸い込まれたわけだ。

司忍・六代目山口組組長が誕生したのは、弘道会のシノギと「いざなみ景気」が絶頂を迎えていた、2005年7月のことである。

その後、当局の締めつけがさらに強まり、弘道会もまた資金源を失っていく。しかし六代目の出身母体であり、ナンバー2の若頭の地位をも抑えていた弘道会には、まだやれることが残っていた。ほかの組織から収奪しつつ、最後のオアシスである東京の利権を独占するのである。

弘道会がそれを目指した結果、組織内の矛盾が増大し、分裂に至ったのは見ての通りである。山口組の分裂もまた、終わることのない日本経済の変遷と無関係ではなかったということだ。

第5章　反骨のカリスマ

日本のヤクザ㊸

長期服役でも衰えぬ闘志 再審の固い扉を叩き続ける

川口和秀

1953—

二代目東組副組長
二代目清勇会会長

かわぐち・かずひで●1953年、大阪府生まれ。東組（東清総長）傘下で東勇会長が率いる清勇会に中学生で出入りし、卒業後に修業を始めた。17歳で初めて抗争を経験。77年に23歳で東会長の跡目を継いで二代目清勇会会長に就任した。85年に兵庫県尼崎市のスナック「キャッツアイ」で発砲死亡事件が起き、その共謀共同正犯として89年に逮捕・起訴された。無実を争ったが懲役15年が確定し収監された。10年、獄中で二代目東組副組長に就任。同年に出所した。

2016年、異色のドキュメンタリー映画が公開された。タイトルは『ヤクザと憲法』（土方宏史監督・東海テレビ放送制作）。〝主役〟は大阪・西成に本部を置く二代目東組（滝本博司組長）の2次団体・二代目清勇会（大阪府堺市）で、およそ100日間にわたって密着撮影が敢行されたという。この手の作品にはお決まりのモザイクや音声処理がないことから、これまでタブーとされた場面が生々しく映し出された。そのため、全国のミニシアターは連日超満員を記録したのだ。

この映画に登場し、被写体となった二代目清勇会を統率するのが川口和秀会長である。中学生の頃からパチンコで生計を立て、清勇会の事務所に出入りしていたというから並みの不良ではない。71年に山口組系傘下組織と東組との間でトラブルが発生。17歳だった川口会長はその抗争に参戦し、相手幹部の足を銃撃したことで懲役刑に服している。

川口会長は「ケンカしたら勝たなあかん」という東清・東組初代総長、そして実弟の東勇・清勇会初代会長の教えを、抗争に加わったことで改めて深く胸に刻んだはずだ。だが、一方では「正しい筋を通す者は、どんなに細い道を歩いても踏み外すことはない」という教えも長年にわたり叩き込まれてきたのである。それだけに85年に兵庫県尼崎市のスナック「キャッツアイ」において起きた清勇会組員による発砲事件で、首謀者とされたことは到底納得できるものではなかった。

事件発生以前から東組と山口組系傘下組織とは抗争状態にあり、事件時の店内には山口組系傘下組織組員が来店したという。その組員を清勇会組員は狙ったのだが、流れ弾がアルバイト女性に命中し亡くなったのだ。

1年半後、実行犯らは逮捕された。さらに、89年に実行犯らへ殺害の指示を出したとして川口会長が逮捕・起訴されてしまった。

一審では事実無根の冤罪だと訴えたが、96年に実行犯らの証言や調書だけで有罪とされ、懲役15年が言い渡された。二審は98年に控訴棄却の判決。最高裁も2001年に上告棄却が決定し懲役15年が確定。翌年に刑務所に収監されたのである。

当初、川口会長は「事件とは無関係だが、カタギの女性が亡くなったなら黙って懲役に行こう」と決めていた。だが、事件について調べるうち複数の警察関係者などから、捜査や取り調べ段階で自身を陥れるためにでっち上げが行われた事実を聞いたという。そして、「ケンカしたら勝たなあかん」の教えを思い起こすのだ。

10年に出所したが、再審の扉が開き無罪判決をつかむまで川口会長の戦いは終わらない。

「牡牛《ファンソ》」と呼ばれた在日の侠《おとこ》 日韓国交正常化の裏で暗躍

町井久之

東声会会長

1923—2002

まちい・ひさゆき●1923年、東京都生まれ。終戦後、朝鮮建国促進青年同盟（民団の前身）東京本部副委員長となった。57年に東声会を結成。右翼の大物・児玉誉士夫氏、三代目山口組の田岡一雄組長、空手家の大山倍達氏、プロレスラーの力道山氏らと親交した。侠客として名を広めつつ事業にも進出。東亜相互企業株式会社を設立し、料亭やクラブ、フェリー会社を経営したが、同社の倒産後は六本木の自宅に引きこもる日々が続いた。2002年に死去。

1923年、東京に生まれた町井久之会長は戦後、朝鮮半島出身者を中心とする愚連隊の町井一家を率いて都内の繁華街を闊歩し「銀座の虎」、また在日同胞からは「牡牛（ファンソ）」と呼ばれた。それがやがて、町井一家を中心に結成した東声会に1500人の無頼漢を糾合させ、関東一円に勇名を馳せるまでになるのだ。

東声会の名前の由来は「東洋の声に耳を傾ける」だという。ここから読み取れる通り、町井会長には一種の政治志向があったとされる。世界が東西冷戦に突入していた矢先、韓国人としての出自も手伝ってアジアに目を向けたことが、町井会長の生き方を並のヤクザとは別のものにしていった。

町井会長は、在日本大韓民国民団（民団）の前身となる「朝鮮建国促進青年同盟」（建青）の結成に参加。建青は当時、対立する「在日本朝鮮人連盟」（朝連、のちの朝鮮総連）とすさまじい暴力抗争を繰り広げていた。帝国主義への反発から左翼が優勢だった世相を背景に、反共を掲げた建青は北朝鮮を支持する朝連に対して数の面で劣勢を強いられた。そんななかでも朝連の攻勢を食い止めることができたのは、町井会長やその盟友、極真空手創始者である大山倍達氏の武功によるところが大きかった。

町井会長は「政財界の黒幕」と呼ばれた児玉誉士夫氏とはとくに親しく、63年には児玉氏の取り持ちで、山口組の田岡一雄三代目を兄、自身を舎弟とする兄弟盃を交わしたのだ。また、児玉氏の政界人脈を足がかりにして、日韓国交正常化交渉の水面下で橋渡し役も果たした。町井会長はとりわけ岸信介元首相に接近。岸元首相は町井会長のパーティーにたびたび顔を出すようになった。73年に町井会長が六本木に巨大な複合ビル「ＴＳＫ・ＣＣＣターミナル」を建設すると、主賓として竣工式に招かれたほどだ。

ヤクザとして顔と名が知られるようになった町井会長は、愛国者であると同時に商売にも貪欲だった。65年に韓国と国交正常化したあと、ソウル市地下鉄開発など巨額の日韓ビジネスを差配していた岸元首相は、町井会長が利権に食い込むための最重要パートナーであり、両者の協力関係は岸元首相の地元である山口県・下関にも及んだ。関釜フェリーの就航に際し、町井会長の〝在日人脈〟が水面下で活躍したのである。

さらに、町井会長は大韓民国中央情報部（ＫＣＩＡ）の最大の協力者でもあったとされる。朝連との暴力闘争に加えて、韓国政界のスキャンダル隠ぺいにも協力。見返りに韓国の銀行から巨額の融資も受けたが、晩年はそれを焦げつかせたまま、２００２年にひっそりと息を引き取ったという。

奇跡の合併劇の立て役者 軽妙なエッセイで話題に

溝下秀男

三代目工藤會会長
二代目工藤連合草野一家総長

１９４６―２００８

みぞした・ひでお●1946年、福岡県生まれ。79年に自らの溝下組（のちに極政会に改称）を率いて草野一家に加入する。80年には若頭に昇格。工藤会との壮絶な抗争を経て、“奇跡”といわれた87年に実現した工藤会と草野一家の合併に尽力した。90年、工藤連合草野一家二代目を継承。その後、工藤會会長、総裁、名誉顧問の役職に就く。『極道一番搾り』の著作は名コラムとして業界のほか一般人にも多くのファンを得た。2008年に死去。享年61。

九州ヤクザの典型ともいわれる「工藤會」だが、その三代目として知られるのが溝下秀男会長だ。

だが、溝下会長がそこに至るまでには、困難な時期を乗り越える必要があった。

そもそも１９７９年、溝下会長が率いた溝下組（加入後に極政会に改称）が組員を引き連れ合流したのは、工藤組（当時）系草野組組長だった草野高明組長が、抗争の務めから出所後に新たに発足させた草野一家だった。

そこで溝下会長は草野一家の若頭を務めるが、工藤会（工藤組から改称）と草野一家の間で抗争が勃発。その激しい余波は福岡県全域に及んだという。

犠牲者も出た流血抗争だけに、泥沼化も懸念されたが、紆余曲折を経て、87年に工藤会と草野一家の合併が成立し、工藤連合草野一家と改称する。警察はもちろん、全国の稼業人も九州ヤクザ独特の火を噴くような争いを知っているだけに、この合併は〝奇跡〟ともいわれたのである。

90年、溝下会長は工藤連合草野一家の二代目を継承し、99年には組織名を三代目工藤會と改めた。九州最大規模のヤクザ組織トップとなった溝下会長は、工藤會の顔として十二分に存在感を発揮する。この溝下会長の特筆すべき点は、九州ヤクザにありがちなよくも悪くも無頼な雰囲気を前面に出しすぎることなく、一般社会への理解も図ったことであろう。

本来、合併前の抗争などを考えれば、溝下会長自身が文字通り「武闘派」のイメージなのだが、それを封印するかのように、実話誌のコラムなどで日常生活を面白おかしく書いて、多くの読者を得るなど、新しいアプローチを見せたのだ。

また、『極道一番搾り』（宝島社文庫）などのエッセイ集を出版し人気を博した。現役引退後ではなく、現役のヤクザ界の重鎮がこのような書籍を出すのは極めてまれで、そのことからも溝下会長の柔軟な思考が見てとれよう。92年に施行された暴対法などで、警察権力はもちろん、市民の目も厳しくなっている現状だけに、このような融和的な戦略は業界の内外で話題を呼んだ。

エッセイは全般的に、面白おかしく……というテイストなのだが、溝下会長の極道ならではの強靱さを表す話もある。〝ケガを早く治す〟というくだりではこう書いているのだ。

〈パワーボートで大怪我したときも、五日で抜糸、その日にゴルフ行きよった。そうしたら、なんや肩のあたりがチクチクするき、おかしいなと触ってみたら釘が上向いて飛び出してきとるやないか。〉（『新装版　愛嬌一本締め　極道の世界　本日も反省の色なしちゃ』宝島SUGOI文庫）

やはり、尋常ならざる精神力だったといえよう。

業界全体から注目を浴びる山口組の分裂騒動でも登場
浪川政浩
浪川会会長

1957—

なみかわ・まさひろ●1957年、福岡県生まれ。幼い頃から不良で中学時代に少年院へ送られた。その後、当時は独立団体の村上一家に入門し、のちに村上一家は道仁会に入った。2006年、道仁会で三代目会長が誕生。だが、それを認めない村上一家らが離脱し「九州誠道会」を結成。浪川会長は理事長に就任。両団体間で抗争が勃発し、12年にはともに「特定抗争指定暴力団」に認定された。13年、九州誠道会の解散後、浪川会長は浪川睦会を創設。15年、浪川会に改称。

福岡県大牟田市に本拠を置く浪川会を牽引する浪川政浩会長は、もともとは同県久留米市に本部を構える道仁会の出身。若くして当時は独立団体だった村上一家で渡世入りし、その後、村上一家は道仁会傘下となったのだ。浪川会長は早くから優れた才覚を発揮して頭角を現した。また、人を惹きつける懐の深さから、配下の者たちは日を追うごとに増大したという。

2006年に長らく道仁会を引っ張ってきた松尾誠次郎二代目会長が引退。跡目は大中義久理事長に譲られることとなった。しかし、ここでハプニングが起きる。三代目村上一家を含め、いくつかの傘下組織が大中三代目会長の誕生を認めないとして強硬な姿勢を示したのだ。

村上一家らは道仁会を離脱して「九州誠道会」を結成。会長には村神長二郎初代が就任し、実質的なナンバー2の理事長には浪川会長が任命され、同時に村上一家四代目を継承した。

そして、結成直後から両組織は抗争状態に突入。07年に九州各地で九州誠道会の最高幹部や組員が殺害される事件が起きた。さらに同年、福岡市内で道仁会の大中会長が、九州誠道会系組員らに射殺されたのである。

道仁会は服役中の小林哲治理事長に四代目会長を継承させたが、佐賀県内で一般人が人違いにより道仁会系組員に射殺される事件が起きたことで、世間から大きな非難を浴びる事態に至った。

08年に九州誠道会は警察庁に指定暴力団と認定され、村神初代は引退し浪川会長が二代目を継承した。その後、しばらくは局地的な抗争に留まっていたが、11年に再燃。銃が使用され双方の組織に死傷者を出す流血の抗争が連続したことで、12年には改正暴対法に基づき両組織は〝特定抗争指定暴力団〟の指定対象となった。

13年に、九州誠道会は久留米警察署に解散届を提出、道仁会は抗争終結の宣誓書を提出した。これにより計47件が発生、一般人を含め14人が死亡した抗争は終結したのである。

同年に浪川会長は新団体「浪川睦会」を結成し、15年に浪川会と改称した。

浪川会長は、15年に山口組から分裂して結成された神戸山口組を率いる井上邦雄組長とは兄弟分の間柄にあることから、16年に神戸山口組の最高幹部らに特定抗争指定暴力団となった場合の組織運営などについてレクチャーしたとの話も伝わってきた。また、神戸山口組の傘下組織の東京責任者らが集まる会合場所として、東京・台東区にある浪川会の東京事務所を提供している。

これまでも浪川会長のヤクザ業界における動向はなにかと話題を呼んできたが、今後もますます注目を浴びていくに違いない。

日本のヤクザ㊆

京の名門組織の伝統を紡ぐヤクザの権利を熱く主張

高山登久太郎

会津小鉄四代目会長

1928―2003

たかやま・とくたろう●1928年、大阪府生まれ。戦時中は軍需工場で働いた。戦後、両親の故郷である韓国には戻らず大阪で愚連隊を結成しケンカを重ねた。50年頃に中川組の中川芳太郎組長と知り合って渡世入り。傘下組織として高山組を立ち上げ、すぐに同組の若頭に就任した。75年に中川組は中島連合会に参加。同時に中島連合会は三代目会津小鉄会に改称した。86年に会津小鉄会の四代目会長を継承。97年に跡目を譲って引退した。2003年に亡くなった。

大阪で両親が韓国人の家庭に育った。そして戦後、家族で韓国に行くはずだったが、高山登久太郎会長だけは日本に残った。その後、大阪の闇市を根城に不良たちを集めて愚連隊を結成。リーダーとして縄張り争いで奮闘を続けたが、警察に逮捕され懲役刑を受けたのだ。

1950年頃に出所すると滋賀・大津市に移り、そこでも愚連隊を立ち上げた。そして、若者たちを使って大々的に収益を上げていたとされる。そのリーダシップと経済的センスに注目したのが、京都に本拠を置く独立組織の中川組を率いる中川芳太郎組長だった。知り合ってすぐに高山会長も中川組長の親分としての心意気や決断力に引かれ、愚連隊ごと入門を決めたという。愚連隊を高山組に改めて、暴れ回った。それにより、中川組の勢力は急速に拡大し、同時に高山会長の名も広まって、瞬く間に中川組の若頭を任されるまでに成長を遂げたのである。

60年代に入ると山口組は全国各地で地元組織と激しい抗争を繰り広げた。京都にも進出し、独立組織を傘下に収める事態が起きたという。そこで、山口組に対抗するため、京都の組織が大同団結する必要が生まれた。そして、二代目中島会（図越利一会長）を中心に中川組などが結集して、中島連合会が誕生したのだ。その後、75年には戦前に途絶えていた京都屈指の大名跡「会津小鉄」を図越会長が継承し、中島連合会は「三代目会津小鉄会」として改めてスタートを切った。中川組の二代目を継承していた高山会長は、会津小鉄会の三代目体制ではナンバー2の理事長を任され、全身全霊で図越会長を支えたのだ。

86年に図越会長から跡目を禅譲され、会津小鉄会の四代目会長に就任。しばらくして「四代目会津小鉄会」の名称を「会津小鉄四代目」に改めるなどの改革をいくつも断行し、受け継がれてきた伝統を重んじる姿勢を貫いた。一方で、89年には勃発以来、多くの死傷者を数えた「山一抗争」を終結させるべく山口組と一和会の間で陰ながら奔走したのだ。

また、92年に施行された暴対法の持つ不当性を訴え続けた親分の代表格でもあった。間違っていることにはつねに全力で正そうと戦いを挑んだ。

だが、高山会長は97年に跡目を禅譲してヤクザを引退し、２００３年にこの世を去った。

09年に六代目山口組の二代目弘道会最高幹部から内部昇格を果たした髙山誠賢・淡海一家総長は実子にあたる。企業経営を手がけたのち、03年に渡世入りしたため遅めのスタートだが、父親譲りの才覚を発揮し山口組直参へ駆け上がった。代紋は違っても高山会長の志はヤクザ業界でいまも生き続けている。

日本のヤクザ⑱

任侠界きっての名媒酌人 独自のヤクザ哲学を貫いた 津村和磨

大野一家義信会会長

生役年不明

つむら・かずま●生役年不明。若い頃には暴れん坊で、腕っ節も強かったという。大野鶴吉総長が率いた初代大野一家の若中になると、その筋の通った渡世人ぶりが買われ若頭を務める。のちに舎弟に直って副会長の要職に就いた。二代目大野一家の貴島鐵雄総長時代には顧問を務めたが、貴島二代目が五代目山口組直参として加入した際に独立した。盃事師、ヤクザを本業として政治的な活動は行わなかったが、常日頃から愛国心の大切さを訴えた。

四代目組長の座をめぐって山口組が分裂騒動の真っ最中にあった1984年、徳島県鳴門市の「観光ホテル鳴門」で、四代目山口組の竹中正久組長の代目継承式が厳《おごそ》かに執り行われた。後見人を務めた稲川会の稲川聖城総裁をはじめ、日本の錚々たる親分衆が見守るなかで媒酌人の大役を引き受けたのが、大野一家義信会の津村和磨会長だった。

跡目相続というヤクザ社会において最も重要な儀式で、媒酌人は相続の式典を差配する重要な役割にある。とくにテキヤ組織に顕著だが、ヤクザ特有の神事に擬した式典は非常に複雑で、また極めて伝統的なスタイルを求められる。それだけに、媒酌人には貫目はもちろんのこと、式を取り仕切る豊富な知識と気迫が必要とされるのだ。津村会長はそのすべてを兼ね備えていた。

竹中四代目の誕生後に放映された「ＮＨＫスペシャル」では、厳粛に盃を待つ竹中四代目と霊代である田岡三代目未亡人のフミ子さんを前に、「ただいまから、山口組四代目相続の式典を執り行います」という底響きのする声とともに、まさに名人芸といえる所作で儀式を進行する津村会長が見られた。また、一連の流れるような所作には津村会長流の動きがあり、その美しさは同席するものを唸らせたという。

もちろん、ヤクザの盃は慶事ばかりではない。1963年、北九州で起こった三代目山口組系菅谷組配下の組織と工藤組（現・五代目工藤會）の抗争事件の手打ちにも、仲介人だった大野鶴吉総長とともに、津村会長は媒酌人として骨を折っているのだ。

このように、関西ヤクザ界で数多くの媒酌人を務め〝盃事師〟とも称された津村会長だが、生活スタイルは実に質素で、独自の哲学を貫いてヤクザ人生を歩んだことでも知られている。「ヤクザは貧乏でええ」と広言し、高級外車に乗る親分衆と自らの間には一線を画していた。「NHKスペシャル」では、鉢巻きに腹巻きというスタイルで、地元の商店街を自転車で移動する津村会長の姿が実に印象的だが、やはり昭和の時代にあってヤクザの親分としては特殊なケースといっていいだろう。

一方で古き時代のヤクザに固執する津村会長に対して、一部では「儀式の人」として一線を画すヤクザもいたという。しかし、津村会長自身は恬淡《てんたん》としていて、人は人、自分は自分というスタイルを最後まで貫いたのだ。

大野一家の二代目であった貴島鐵雄総長が五代目山口組へ加入した際、津村会長は顧問の要職にあったが、独立を選び一本独鈷《いっぽんどっこ》としての道を歩んだ。その後は、実話誌に連載を持つなど、大所高所で稼業全体を見守った。

日本のヤクザ⑦⑨

狙った敵は自ら手を下す恐れられた必殺の鎧《よろい》通し

大長健一

大長組組長

1923—1970

おおなが・けんいち●1923年、福岡県生まれ。40年、強盗傷害で7年の刑を受ける。45年、終戦後に門司市内を席巻していた不良外国人の集団を駆逐。46年、熊本県人吉市の博徒に頼まれ、東京からの博徒集団を追い出す。47年頃、大長組を結成。53年、のちに三代目山口組直参となる柳川次郎・柳川組組長、石井一郎・石井組組長と兄弟盃を交わす。56年頃から石井組と抗争となり石井組の拠点、別府を襲撃。70年、キャバレーの店先で刺殺された。

門司《もじ》港の沖仲仕を束ねる小頭《こがしら》の家に生まれた大長健一組長は、幼少時から暴れん坊だった。後年、数々の襲撃事件を起こしたが、いずれも計画が周到に練られており、単なる粗暴な男ではなかった。

小学校時代に〝関門の虎〟と呼ばれた宮崎斉蔵氏と知り合う。友人が宮崎氏に殴られ、その敵討ちがきっかけだった。大長組長に打ちのめされた宮崎氏は終生つき従った。

1940年、17歳のときに門司市内で、不良グループの番長格の男と喧嘩し、鎧《よろい》通しで相手の腹部を刺し、さらに相手の着物を奪って屋根の上に放り投げたことから、強盗傷害で7年の実刑判決を受けた。仮釈放での出所から2年後の45年に、門司市内で宮崎氏らと愚連隊を結成し、46年には市内を荒し回っていた朝鮮人や中国人グループの鎮圧に乗り出し、駆逐する。

警察も手に負えなかった三国人を追放したことで大長組長の名声は高まり、売春街からミカジメ料が届くようになると、大長組長の元に行けば飲み食いができると不良たちが集まった。一気に勢力が拡大し、47年頃から大長組を名乗った。

大長組長の名は九州全域に響き渡り、助力を願う依頼が殺到。熊本の人吉で、大長組長は地元の博徒から東京の博徒の追い出しを頼まれ、その要望を見事に果たす。だが、東京側に死者が出たことから大長組長は九州を離れ、全国津々浦々に〝凶状旅《きょうじょうたび》〟に出た。

各地で世話になった親分らに対し、一宿一飯の恩義を大長組長らしい方法で返したという。親分にとって邪魔な人物を、旅立つ日に鎧通しでブスリと刺して次の街へ旅立っていくのだ。

後年、大長組長は何人殺したかと聞かれ、「記憶に残っているのは14人、あとは覚えていない」と答えたという。

53年、のちに三代目山口組の直参となる石井一郎・石井組組長、山口組屈指の武闘派となる柳川次郎・柳川組組長と兄弟盃を交わし、2人を舎弟とした。だが、大長組長が、事件を起こした際の逃走資金を際限なく要求したことで、石井組長とはやがて仲違いし抗争に発展した。

58年、大長組長は以前に起こした米兵殴打事件などで逮捕された。だが逮捕後から断食し、腐った牛乳を血管注射し、高熱を出したことで、拘置が執行停止となり病院に移送された。さらに病院を脱走して潜伏生活に入るが、奈良市内で逮捕される。懲役7年の判決を受け、65年に出所した。

晩年はギャンブルとスナック巡りを日課とする平穏な生活を送っていたが、70年に北九州市門司区内のキャバレーで従兄弟とトラブルになり、店を出たところで腹部を刺されて死亡する。数多の男と相見えながらも無傷だった男は、呆気なく散ったのである。

日本のヤクザ⑧⓪

九州でも屈指の武闘派軍師 痛みを知るだけに仲裁奔走

小林哲治

道仁会四代目会長

1956—

こばやし・てつじ●1956年生まれ。20歳の頃に福岡・久留米市で西日本最強と恐れられた暴走族を結成し、敵対する暴走族と死闘を繰り広げた。その後、久留米を本拠とする道仁会で渡世入り。道仁会は80年代、死者を出す過激な抗争を次々と起こし、小林会長はそれらに参戦し戦勲を挙げたとされる。2007年に大中義久三代目会長が射殺されたため、服役中の小林会長が四代目を継承。10年に出所し13年に抗争終結。現在は他組織間の抗争仲裁で奔走する。

九州地区で最大規模を誇る道仁会の小林哲治四代目会長は1956年の生まれ。少年時代から不良で、20歳の頃に久留米市で暴走族を立ち上げた。メンバーはケンカに強い武闘派ぞろいだったことから、「西日本最強」と恐れられ、その勇名は全国の不良たちに轟いていたという。

その後、縁あって独立団体の道仁会に入った。小林会長が入門した当時、道仁会は他組織との間で抗争を頻発させている時期だった。

78年に起きた大牟田市の組織との抗争に続いて、80年には三代目山口組の直系組織である伊豆組（伊豆健児組長＝福岡）の傘下組織と激突。82年には久留米市内の組織、翌年には再び大牟田市内の組織と抗争状態となったが、同83年には住吉連合会（現・住吉会＝東京）ともにらみ合う事態を迎えた。直前で抗争は回避されたが、多くの組員を都内に潜伏させ抗争に備えたとされる。

そして、86年には「山一抗争」中だった山口組の伊豆組と再び対立することとなり、「山道抗争」が勃発した。翌年の和解までに銃器を使用するなどの過激なトラブルが77件も発生。死者9人、負傷者16人を数えた。

小林会長はこれらの抗争に小林組を率いて参戦し、何度となく死線をくぐってきたという。過激な暴力性のイメージを持つ道仁会だが、その後、しばらくは凪《なぎ》の時代を送った。ところが2006年に、組織を長年にわたり引っ張ってきた松尾誠次郎二代目会長が引退すると、跡目をめぐって内紛が起きる。新たに就任した大中義久三代目会長を認めないとする一派が離脱して「九州誠道会」を結成。すぐに両者間で流血の争いが始まったのだ。

07年には福岡市内で大中会長が九州誠道会系組員らに射殺される衝撃の事件が発生。抗争中に当代を失うという危機的状況に瀕した道仁会は、当時服役中だった理事長の小林会長に白羽の矢を立てる。その後、10年に小林会長が出所するまで集団指導体制で抗争を戦い抜いた。

12年に両団体は「特定抗争指定暴力団」に認定されたこともあり、13年に道仁会が「抗争終結宣誓書」、九州誠道会が「解散届」を久留米警察署に提出し、ついに抗争は幕を下ろしたのである。

広い交友関係を持つ小林会長は、六代目山口組の安東美樹幹部（二代目竹中組組長）、住吉会の加藤英幸総本部長（幸平一家十三代目総長）とは兄弟分の関係にあるという。また、11年に稲川会から離脱して結成された山梨俠友會が、16年に佐野組として稲川会に復帰した際、小林会長が仲裁役として奔走したといわれている。

組織の分裂に伴う痛みを知り尽くしているだけに、まさに適役だったといえるだろう。

日本のヤクザ81

〝山健組三羽烏〟の筆頭武闘派 大阪戦争で圧倒的戦闘力を発揮

盛力健児

五代目山口組若中 盛力会会長

1941—

せいりき・けんじ●1941年、香川県生まれ。17歳のときに地元組織で渡世入り。19歳で大阪へ渡り、60年に山口組系列組織に入って若頭まで務めたが、組が解散した。67年、山健組に入ると、いきなり若頭補佐に登用される。78年に「ベラミ事件」の報復戦で盛力会を率いて口火を切る。結果、対立組織幹部を射殺し、16年の懲役刑を受けた。89年に五代目体制が始まると獄中にいながら山口組直参に昇格し96年に出所。2009年、六代目山口組を除籍され引退した。

のちの五代目山口組組長となる健竜会の渡辺芳則会長、同じく五代目山口組若中となる健心会の杉秀夫会長とともに、盛力会の盛力健児会長は、三代目山口組の山本健一若頭が率いる初代山健組で〝山健組三羽烏〟と呼ばれていた。いずれも山健組では気鋭の若手武闘派として周囲から注目を浴び、また将来を嘱望される存在だったのだ。

この山健組三羽烏がそろって活躍するきっかけとなったのが、78年に起きた「ベラミ事件」だった。同年7月11日の夜、京都・三条のナイトクラブ「ベラミ」を訪れた田岡一雄三代目が、松田組系大日本正義団の鳴海清幹部に狙撃された。凶弾は首をかすめたものの奇跡的に一命は取り留めた。しかし、「日本一の子分」を自称する山健（山本健一）若頭の怒りに火をつけ、松田組に向けて、熾烈を極めた報復攻撃「第3次大阪戦争」が始まったのである。

山健組の大阪地区での責任者の立場だった盛力会長は、「先陣を切って松田組に報復する」と決意。その思いは盛力会長の側近にも伝わり、ベラミ事件から約1カ月後には、同会幹部2人が大阪市の銭湯で松田組系幹部を射殺して報復の狼煙《のろし》を上げたのだった。

この事件では、盛力会長はじめ幹部ら7人が逮捕され、それぞれ懲役刑を打たれた。なかでも最長の懲役16年の刑を負ったのが、事件の首謀者とされた盛力会長だった。

そんな盛力会長には、逮捕後に取り調べで舌を噛んで刑事の戦闘意欲を失わせたというエピソードがある。親分や組織を守るため、山健若頭に指示されたという調書を破棄させたのだ。

その盛力会長が96年に出所すると、さまざまなスポンサーや企業の社長、さらに新規の組員が集まってきた。大阪戦争で見せた圧倒的な戦闘力も影響していたのだろう。服役前の組員は50人ほどだったが、出所後は600人にまでふくれあがったのだ。

一方、山口組内で89年に五代目体制が発足すると、盛力会長は獄中で五代目山口組直参に昇格した。しかし、かつては三羽烏として同格、あるいは山健組若頭補佐時代には自分より座布団が低かった渡辺五代目の体制下では、気に入らないことも多かったようだ。盛力会長は次第に渡辺五代目と距離を置くようになっていく。

2005年の六代目体制の発足後も引き続き若中として支えた。09年、六代目舎弟だった後藤組の後藤忠政組長の処分騒動に巻き込まれるかたちで、同執行部に批判的だった盛力会長は除籍され引退した。その後、13年に盛力会長が上梓した『鎮魂　さらば、愛しの山口組』（宝島社）はベストセラーとなるなど、引退後もその動向は注目されている。

日本のヤクザ㉜

日本人より日本人らしく稲川会発展のため粉骨砕身

趙春樹

稲川会最高顧問
箱屋一家四代目総長

1929―1999

しょう・はるき●1929年、中国・天津生まれ。戦前に強制労働で連行されて来日。戦後、東京・向島で愚連隊を形成し暴れ回ったあと、名門の箱屋一家に入って渡世入りした。その後、稲川会関係者らが賭場荒らしに来た縁で、稲川会幹部や稲川聖城総裁と知り合い、一家ごと稲川会に移籍した。72年に三代目山口組若頭補佐の益田佳於・益田組初代組長と兄弟分の契りを結んだ。78年に稲川会理事長に就任し、最高顧問など要職を歴任。99年に亡くなった。

名前からもわかるように趙春樹総長は中国・天津で生まれ育った中国人だ。戦前に日本へと連れて来られ、強制労働に従事させられたという。戦後、中国への帰還を試みたがかなわなかったことで、東京の下町・向島を根城にする愚連隊を形成した。

趙総長のケンカはとにかく過激で手加減を一切しなかった。先制攻撃を仕掛け、相手が怯んだすきを見逃さず徹底して叩きのめした。刃物を持てば必ず刺し、ピストルを持てば体に鉛の弾がめり込むまで撃ち続けたとされる。言葉が不慣れでかけ合いが苦手だったことから身につけた苦肉のスタイルだったが、連戦連勝を重ね、組織は日増しに拡大を遂げた。その後、縁あって趙総長は日本国粋会の箱屋一家で渡世入りし、幹部として頭角を現す。

一方、博奕好きだったこともあって向島に賭場を開いた。近くの花街に遊びに来た旦那衆らを相手に連日盛況を博したようだ。その噂を聞きつけ、わざわざ横浜から賭場荒らしを目論む連中も来たが、趙総長の気迫に圧倒されて逃げ帰ったという。その連中が稲川会関係者だったため、「モロッコの辰」こと出口辰夫氏や、井上喜人氏といった横浜愚連隊出身の稲川会幹部らと知り合う。また、その縁でのちに二代目会長となる石井隆匡・横須賀一家五代目総長とも深い絆を結んだ。石井会長は趙総長のまっすぐな男気に触れると、すぐに「兄弟」と呼び合う仲になった。

しばらくして、石井会長に稲川聖城総裁を紹介された趙総長は、その器量と人物の大きさに心酔し、日本国粋会を脱会して一家ごと稲川会に入ることを決める。稲川総裁もまた、理不尽な苦労を強いられたにもかかわらず、まったく愚痴を言わず、ひたむきにヤクザの道を歩む趙総長の姿勢に心を打たれたという。

そこで、72年に稲川会と三代目山口組が親戚関係を締結するにあたり、最高幹部同士の兄弟分縁組を行う際に趙総長を抜擢。山口組若頭の山本健一・山健組組長と、稲川会理事長の石井会長、そして山口組若頭補佐の益田佳於・益田組初代組長と、稲川会専務理事の趙総長が、それぞれ五分義兄弟の盃を交わしたのだ。

78年に趙総長は稲川会理事長に就任し、石井会長が稲川総裁の跡目を継承する85年まで、稲川総裁の片腕となって支えた。その後も、石井二代目、稲川裕紘三代目の各体制で常任相談役、最高顧問を歴任し、組織の繁栄に貢献した。趙総長は大親分となっても向島の古い木造アパートに長く暮らすなど、質素な暮らしを努めた。それは日陰者の博徒としてのプライドを貫いたからだという。

そして99年、波乱万丈の人生を異国の地で閉じた。

日本のヤクザ㉝

伝説の武闘派軍団を統率 苦渋の決断で絶縁処分に

柳川次郎

三代目山口組若中
柳川組初代組長

1923―1991

やながわ・じろう●1923年、現在の韓国・釜山生まれ。30年に家族と来日し、戦後に家族だけが帰国。その後、愚連隊を結成し大阪で暴れ回った。59年に起きたトラブルで山口組と縁を持ち、地道行雄若頭の舎弟となった。翌年の抗争で活躍が認められ山口組直参に昇格。柳川組は山口組の全国進攻作戦の尖兵として戦い、巨大化を遂げた。64年、長期服役を前に跡目を譲った。服役中の69年に柳川組解散、直後に絶縁された。引退後は実業家となり、91年に死去。

1945年に戦争が終わると、柳川次郎組長の家族は韓国への帰国を決め、家族全員分の乗船許可証も入手していた。ところが、前日に柳川組長は事件に巻き込まれたせいで乗船できなかったという。そこから柳川組長は、幼馴染みで同じ韓国籍の谷川康太郎二代目ら不良仲間を引き連れて、神戸や大阪で暴れ回った。

58年には柳川一派の名が広く知れ渡る事件が起きる。大阪・西成を縄張りとする鬼頭《きとう》組に、西成への浸食を始めていた柳川一派の仲間がさらわれたのだ。柳川組長は仲間の奪還のため、鬼頭組への殴り込みを決定。深夜に柳川組長を先頭に計8人が、日本刀を手にして鬼頭組へ走った。だが、鬼頭組も約100人の配下をそろえて待ち構えていた。「8人対100人」では勝ち目はないと思われたが、柳川組長らの命を顧みない気迫が鬼頭組を圧倒。柳川組長らは1人で何人も相手にして斬り捨てたのだ。事件からまもなくして鬼頭組は消滅した。

以来、柳川一派は「殺しの軍団」と恐れられ、噂は山口組にも届いた。そして、59年に柳川組長は地道行雄若頭の舎弟となり、一派ごと山口組入りする。直後から抗争で手柄を立てることで、翌年には山口組直参への昇格を果たした。その後、山口組の全国進攻作戦の尖兵として柳川組は各地に進出。関西、東海、北陸、北海道に拠点を構え、最盛期には組員が約1700人という大軍団に成長したのだ。

絶頂期を迎えていた64年、「第一次頂上作戦」が開始され、警察によるヤクザ組織への締めつけが強まった。当時、柳川組長は長期服役を控えていたことから、組織を守るため同年に跡目を谷川二代目に譲って懲役に赴いた。だが、揺さぶりは続き、67年には谷川二代目も収監されてしまった。その後も警察は手を緩めないため、ついに69年に柳川組長と谷川二代目は解散を決定する。警察は名古屋刑務所に服役していた柳川組長を、谷川二代目が収監されていた大阪刑務所に移送し、面会まででさせて解散に追い込んだ。警察が必死だった理由は、せめて柳川組だけでも解散させることで頂上作戦が成功したとアピールしたかったからだとされる。解散同意書、解散声明書に署名、捺印した二人は号泣したという。

解散後、柳川組長と谷川二代目は、勝手に組織を解散させたとして山口組から絶縁処分を受けた。柳川組長は引退後、事業や政治活動に専念し、91年に息を引き取った。亡くなるまで解散や引退の真相を語らなかったが、警察が外国籍の二人に強制送還を迫ったのではと推測する関係者は多い。しかし、すべては闇の中である。

〝殺しの軍団〟を力で束ねた凶暴で冷静な二代目組長

谷川康太郎

三代目山口組若中
二代目柳川組組長

1928―1987

たにがわ・こうたろう●1928年、大阪府生まれ。少年期より柳川次郎・柳川組初代組長の遊び仲間だった谷川組長は、終戦後から本格的に行動をともにした。58年以降は、一派を統率する柳川初代と一緒に数々の場面で柳川組の勢力拡大に貢献した。64年に柳川初代が引退を表明後、二代目組長に就任。しかし、第一次頂上作戦が開始され、柳川組は集中取り締まりの対象になると、69年に柳川初代と谷川組長は獄中で解散を決意。引退後は実業家に転身した。87年に死去。

大阪市東淀川区に住む朝鮮人夫婦の子として生まれた谷川康太郎組長は、戦前の1940年、12歳にして、その後の一生を決定づける運命的な出会いを果たした。駅構内でささいなケンカに巻きこまれた際、のちの柳川組・柳川次郎初代組長が助けてくれたのだ。

戦後の46年、懲役刑で収監されながらも戦勝国待遇として仮釈放されたあと、闇市を徘徊していたところを偶然に柳川初代と再会し、以降はつねに行動をともにするようになったという。

58年、すでに柳川一派を形成していた柳川初代は大阪・西成の釜ヶ崎の縄張り争いで、地元組織の鬼頭組およそ100人に対し8人で殴り込みをかけて圧倒的な勝利を収め、柳川組の名を上げるのに成功した。この抗争を見た関西の極道たちは〝殺しの柳川〟と呼んで恐れたという。その後、柳川組が結成されると谷川組長は副組長となり覇業を支えていく。

柳川組は大阪で多数の抗争を繰り返して勢力を拡大。三代目山口組の地道行雄若頭がその勢いに目をつけ、59年に柳川初代は地道若頭の盃を受けて舎弟となった。さらに翌年、柳川初代は田岡一雄三代目から盃をもらい直系若衆に加わったのだ。

山口組傘下に入った柳川組は、60年に明友会事件が起こると攻撃部隊の主力として活躍。以降も山口組の全国制覇第一先鋒部隊としてほかを圧し、それにつれて柳川組は急速に膨張。近畿、北陸、さらに北海道にも進出し、構成員は1700人を数えるまでになった。そんな折、柳川初代は長期服役を余儀なくされる事態を迎えた。

そこで柳川初代は引退を表明、二代目に指名されたのが谷川組長だった。その後も驚異的な速度で拡大を続けた柳川組は、62年に2次団体でありながら単独で警視庁指定全国広域5大暴力団に指定されるまでの規模を誇った。しかし、柳川組は同時期に展開された警察の第一次頂上作戦によって集中取り締まりのターゲットにされ、164人もの逮捕者を出すことになる。以降も大阪府警の集中取り締まりの対象とされて、柳川初代は解散を決意する。

しかし、谷川組長は「いまのワシの親分は田岡親分や」と反対した。そうしたなか、67年に谷川組長は懲役2年8カ月の刑が確定し、大阪刑務所に収監される。組幹部らも続々と懲役刑を打たれたため、69年、獄中の谷川組長は、先代の柳川初代と合意のうえ、ついに柳川組解散を宣言。だが、田岡三代目に断りもなく解散させたことが懲罰対象となり、二人は絶縁処分にされたのである。

柳川組解散後、実業家に転身して活躍したが、87年に死去。山口組の歴史からは抹消されたが、ヤクザ史では柳川初代と谷川組長の雄々しい歩みは、いまも強い光を放っている。

日本のヤクザ㉟85

かつての怨讐を水に流し沖縄ヤクザの結束を図る

又吉世喜

沖縄連合旭琉会理事長

１９３３―１９７５

またよし・せいき●1933年、沖縄県生まれ。幼い頃から沖縄空手剛柔流の道場に通う。18歳の頃、酒場などで用心棒として働き、空手家としても敵なしだった。戦後、沖縄各地に生まれたヤクザ組織の一つ、那覇派の頭領となる。51年、第一次抗争でコザ派に襲われ瀕死の重傷を負う。52年、45口径の拳銃で再び襲われるが一命を取り留める。70年、沖縄連合旭琉会が結成され理事長となる。75年、犬の調教中、旭琉会から分裂した上原一派に撃たれ死亡。

沖縄でヤクザ組織が跋扈《ばっこ》し始めたのは戦後のことだった。米軍からの横流し物資を密輸するグループがまとまったコザ派や、沖縄空手の道場に通って腕っ節に自信のある者たちが集まった那覇派がその代表格だった。那覇に生まれた又吉世喜理事長は空手に熱心に打ち込む少年だった。戦後、那覇市内に米兵相手の盛り場ができると、空手の腕を活かして用心棒として働いた。その後、自然と周りの空手仲間からリーダーに押され、３００人ほどの配下がいる那覇派の頭領となった。

１９５１年、コザ派が那覇市内に進出すると両派は対立し第一次沖縄抗争が勃発。又吉理事長はのちに旭琉会を結成することになるコザ派の新城喜史理事長ら7人に拉致され、棍棒やブロックでメッタ打ちに遭い、全治5カ月の重傷を負う。退院後には、本土からコザ派の応援に駆けつけた九州ヤクザに命を狙われ、45口径の拳銃で撃たれるが九死に一生を得た。こうして二度の危機を脱した又吉理事長は、「不死身のスター」と呼ばれるようになった。

その後、沖縄ではコザ派、那覇派が分裂し、新たに泡瀬《あわせ》派、山原《やんばる》派、普天間《ふてんま》派などが生まれ、主導権を争って抗争が続くが、本土復帰が近づいた70年、2大巨頭である又吉理事長の那覇派と、新城理事長が率いる山原派は、これ以上沖縄のヤクザが争っていると本土のヤクザにつけ入るすきを与えるということで、過去の怨讐を水に流し、「沖縄連合旭琉会」を結成したのである。

二度も命を狙われたにもかかわらず、又吉理事長は新城理事長を許した。さらには新城理事長の招きで、又吉理事長を狙撃したヤクザ2人と宴席を開くなど、余人には計り知れない器の大きさを持っていた。又吉理事長が沖縄史上最大のカリスマと呼ばれる由縁だろう。

沖縄連合旭琉会では、又吉理事長と新城理事長がともに同じ「理事長」の座に着いた。両派に考慮したのだ。沖縄に平穏が訪れたかにみえたが、しばらくすると、それを快く思っていなかった山原派の上原一家との抗争が始まった。

74年、新城理事長が暗殺され、その報復で上原一家の組員3人が惨殺される。その間に、200人以上の関係者が逮捕されたことで、抗争は収まったと思われた75年、抗争中は控えていた土佐犬のトレーニングを又吉理事長が再開。又吉理事長が乗ったバイクには護衛の車がついていたが、2カ月もチャンスを狙っていた上原一家の組員らの車が護衛の車を追い抜き、又吉理事長に銃弾を浴びせた。4発の弾丸が命中し、不死身のスターも今回ばかりは起き上がれなかった。

死の翌日、又吉理事長の葬儀会場には500人以上が訪れ、会場周辺の道路では渋滞が発生した。まさに「人事は棺を蓋《おお》うて定まる」との格言通りの葬儀だった。

日本のヤクザ86

過激な沖縄ヤクザの代表格 最後は非業の死を遂げた

新城喜史

沖縄連合旭琉会理事長

1929―1974

しんじょう・よしみ●1929年、沖縄県生まれ。小学校を中退し喜捨場朝信親分のコザ派に入る。頭角を現し、コザ派の「コザ10人シンカ」に名を連ねた。51年、那覇派との第一次抗争で又吉世喜理事長に制裁を加える。のちにコザ派から分裂した山原派で頭領となり、第二次、第三次抗争を戦って泡瀬派、普天間派を解散に追い込んだ。70年、又吉理事長と手を組み沖縄連合旭琉会を結成、理事長となる。74年、旭琉会から離脱した上原一家に暗殺された。

「ミンタミー」とは沖縄の方言で〝目玉〟のことを指す。新城喜史理事長の目でにらまれた者は思わず立ちすくんでしまうことから、その異名がつけられたという。気性が荒いことでも知られ、「爪の先まで沖縄ヤクザ」と称された。

一方で、非常に社交的で飲みに出かければキャバレーのホステスにチップを渡し、金払いもスマートで人気があったという。新城理事長と同時代を生きた那覇派の頭領・又吉世喜理事長が、酒は外で飲まず、人とあまり交わらなかったのとは対照的である。

生家は沖縄本島北部にある山原の貧しい農家だった。山原は、「男の子が生まれたら糸満の漁師に、女の子なら遊女に出す」といわれるほど極貧の土地だった。新城理事長は糸満《いとまん》の漁師には出されなかったが、コザ十字路の顔役といわれ、沖縄の言葉で大人（父）を意味するターリーこと喜舎場朝《きしゃばちょう》信親《しん》分のグループに小学生で加わった。ターリーは「戦果アギャー」とも呼ばれ、戦後に米軍基地から物資を略奪しては海外に密輸して富を築いていた。新城理事長も戦果を生家にコツコツと届けていたという。ターリーのグループは300人ほどの構成員がいてコザ派と呼ばれていたが、ターリーの下で実力をつけた新城理事長は、「コザ10人シンカ」の一人と称されるほど出世した。

51年、又吉理事長の那覇派との第一次抗争では、終結までの2年間で100人以上の組員が逮捕され、新城理事長は刑務所に送られた。第一次抗争が終わるとターリーは引退。ターリーの指名で新城理事長が頭領となったが、それを快く思わない者らが泡瀬派を結成。コザ派は、新城理事長の山原派と二つに分裂した。同じ頃、那覇派も普天間派と二つに分裂し、沖縄は群雄割拠の時代へと突入した。第二次、三次と抗争が続いたが、最後に残ったのは山原派と那覇派だった。

本土復帰が現実味を帯びてきた頃、沖縄に山口組が進出。それに危機感を覚えた新城理事長は、70年に那覇派の又吉理事長と手を結び、沖縄連合旭琉会を結成した。二人は同じ理事長の座に着く。この団結により沖縄に平穏が訪れるかと思われたが、山原派の切り込み隊長として活躍した上原一家の上原勇吉組長が、自身の扱いに不満を持ち、次第に新城理事長とは溝を深めていた。

74年、ついに上原一家は叛旗を翻す。沖縄連合旭琉会の構成員は800人、上原一家は50人と組織力の差は明らかで、上原組長は解散届けを警察に提出し沖縄連合旭琉会を欺いた。

解散届けが出されてから1カ月も経たない頃、新城理事長はナイトクラブに出かけた。その情報をつかんだ上原一家の組員2人がトイレで待ち伏せ、計4発の銃弾を浴びせると新城理事長の頭に直撃、即死した。沖縄ヤクザの典型といわれた男は45歳でこの世を去ったのである。

日本のヤクザ87

荒くれ者を力でねじ伏せる消えゆく炭鉱ヤクザの面影

太田州春

太州会初代会長

1934－1999

おおた・くにはる●1934年、福岡県生まれ。若い時分から筑豊の炭鉱で働きながら愚連隊を率いて暴れていた。その腕っ節と統率力を買われて炭鉱経営者から炭鉱夫らの監督役を18歳の若さで任されたという。その後、5年の懲役から戻った60年に愚連隊を基礎とした「太田商会（太州会の前身）」を設立。73年には組織名称を現在の太州会に改めた。地元のヤクザ組織を相手に抗争を重ね地盤を構築した。91年に跡目を譲って引退。99年に亡くなった。

貧しい農家に生まれ育った太田州春会長は、10代の早いうちから筑豊の炭鉱で働き始めた。同時に、不良たちを集め「太田グループ」という愚連隊を結成。リーダーとしてつねに先頭に立ちケンカを繰り返したという。太田会長はまだ18歳の少年だったが、身長180センチ、体重100キロという恵まれた体格に加え、並外れた腕力と冷徹な頭脳を持っていたことから、炭鉱経営者は炭鉱夫らをまとめる現場監督を依頼したのである。

当時、命を落とす危険と隣り合わせの過酷な現場で働く炭鉱夫たちは気性が荒く、型通りの指示には従わないような者も多かった。そうした極限状況下の彼らを抑えるのは理屈ではなく力であり、太田会長が有する圧倒的な暴力が不可欠だったのだ。経営者の期待通り、太田会長らは炭鉱夫らを鉄拳制裁で見事にまとめ上げた。だが、少々やりすぎもあったため、1955年に懲役5年の刑を受けることとなった。60年に社会復帰を遂げると、愚連隊の太田グループを「太田商会」と改め（のちに太田組に改称）、本格的にヤクザ組織として歩み始める。

炭鉱での収入以外に芸能興行、クラブや飲食店の経営、用心棒などにも進出。当然、ヤクザ激戦区のため太田商会は瞬く間に既存の勢力との厳しい戦いの渦に巻き込まれる。だが、負ければ明日のない太田会長の姿勢は他組織を圧倒し、勢力拡大を成し遂げるとともに、経済的基盤も構築することに成功するのだ。太田会長の獰猛な戦いぶりや「手打ちなし」の姿勢から、いつの間にか「九州のライオン」と呼ばれ、周囲から恐れられる存在となっていた。

73年に現在と同じ「太州会《たいしゅう》」の名称を使い始めたが、その頃から、まさに命がけの抗争が連続する。なかでも81年に地元組織との間で起きた「筑豊戦争」は、どちらかが倒れるまで続くといった消耗戦を強いられた。短時間のうちに3人が銃撃されて命を落とす過激な事件を発端に抗争が起きた。ついには太州会の組員がブルドーザーに乗り込み、相手組織の本部に突入し、ピストルを本部内で数十発も乱射する「ブルドーザー特攻」を敢行。これにより、相手組織は恐れをなして逃げ出し、壊滅状態に陥ったのだ。

時間は要したものの圧倒的な太州会の勝利に終わり、田川市と飯塚市を支配下に収めたことで、不可能といわれていた筑豊の制覇をついに完成させたのである。

その後も周囲の組織ににらみを利かせていた太田会長だったが、91年に田中義人二代目へ跡目を譲ると引退。晩年は病に伏せる時間が長かったが、99年に亡くなるまで太州会を気にかけていたという。太田会長が示した力の伝統は、現在の四代目体制にもしっかり受け継がれている。

日本のヤクザ㊳

大組織関根組の屋台骨
占領後に「松葉会」を結成

藤田卯一郎

松葉会初代会長

1906―1968

ふじた・ういちろう●1906年、茨城県生まれ。旧制水戸中学校卒業。36年の関根組発足以前から、関根賢組長とは縁を持っていたという。47年に関根組長が逮捕されると、その代理として関根組の運営を任された。GHQの団体等規正令で関根組、自らの藤田組が解散させられるも、占領後に松葉会を発足させ初代会長となる。60年の松葉会による「毎日新聞社襲撃事件」は世に衝撃を与えた。68年7月8日、新宿のホテルにて心臓発作で客死。享年61。

関東の名門組織である松葉会の初代として名高い藤田卯一郎会長は、親分である関根組・関根賢組長同様、ヤクザであるとともに、実業家であり、また国粋主義者でもあった。それには藤田会長の出身地である水戸が大きく影響していたことは間違いない。徳川御三家であるにもかかわらず、水戸学という尊皇の念が強い学問を家学としていた土地柄だけに、少年期から愛国心が根づいていた。

藤田会長の親分である関根組長率いる関根組は、戦前の1936年に東京向島を本拠に結成された。土建業を中心に、いまでいうところの〝経済ヤクザ〟としてのセンスも身につけていた関根組長は、瞬く間に組織を拡大。その影響力は絶大なものとなった。

また、右翼の大物・児玉誉士夫氏や、吉田茂首相などの有力政治家とも懇意で、戦前は主に軍部の資材を調達して大きな利益を得る。全盛期の関根組は、関根組にあらずんばヤクザにあらずといわれたほどで、その力量がわかろうというものだろう。その関根組で、藤田会長は知恵袋として陣頭指揮を執っていたのだ。

戦後の混乱期には、いささか古色蒼然としていた組織をバッヂの色で身分がわかるように仕分けるなど、近代化も図る。だが、敗戦の影響からは、さすがの藤田会長も逃れられるものではなかった。親分の関根組長が収監され、関根組が壊滅的なダメージを受けると、自らの名を冠した藤田組を結成して組の維持に力を注いだが、GHQによって発布された49年4月の団体等規正令により解散を余儀なくされたのだ。

この出来事は関根組・藤田組だけの問題ではなく、日本のヤクザ全体における深刻な問題でもあった。しかし、52年のサンフランシスコ講和条約の発効とともに日本が独立すると、藤田会長はすぐに組織の再建に動く。53年、旧関根組・旧藤田組の組員を糾合すると新たに松葉会と名づけたのである。

さらに藤田会長は、57年に松葉会を政治結社に変えた。これは、日米安保問題で左翼が飛躍し「革命前夜」といわれた、いわゆる60年代安保闘争の時代を見すえてのものだった。関根組以来の盟友でもある児玉氏や親分であった関根組長の影響もあっただろうが、やはり水戸学の地で育った藤田会長の愛国心の発露と考えたほうが自然である。

60年安保闘争では左翼全学連に対して「政治結社」松葉会から数百人単位の会員を動員してデモの阻止にあたるなど、その実行力を見せつけた。また、藤田会長自らもデモ隊阻止の陣頭指揮に立つこともあったという。松葉会の名が日本各地に轟いたのはいうまでもない。

特別コラム④

死にざまは選べない、ヤクザの宿命

一寸先に待っていた、虚しくも残酷な結末

自ら掘った穴で……ヤクザ史上最も残酷な殺戮

ヤクザは死から遠ざかることはできない——。

現在は平穏を取り戻したが、かつて沖縄ではヤクザたちが文字通り死闘を繰り広げていた。

1970年12月にそれまで覇権を争っていた地域ごとのヤクザのグループが大同団結し、沖縄初のヤクザ組織「沖縄連合旭琉会」（現旭琉會・富永清会長）が結成された。

しばらく平和が続いたが、60年代に起きた抗争の功労者にもかかわらず、組織で冷遇されていた旭琉会理事の上原勇吉・上原一家組長は、新城喜史理事長に反発。理事会にも出席しなくなったため、74年に謹慎処分が出され、さらにはシノギも取り上げられた。これに怒りを爆発させた上原組長は旭琉会を脱会。翌月には配下組員らが新城理事長を殺害し、分裂抗争に突入したのだ。

親分を殺された新城一派7人は仇討ちのため上原組長を追った。だが、見つからないため、口を割らせようと上原一家組員3人を拉致。真夜中に沖縄本島北部にある国頭村《くにがみそん》に向けて車を北上させ

光の先に待つのは、生ではなく、さらに残酷な死なのか（イメージ写真）

た。国頭村の山中で下ろすと、拳銃を突きつけて穴を掘るよう命じた。
4時間かけて掘った穴の底で3人は、新城一派に上原組長の居場所を聞かれた。だが、3人とも答えなかった、というより答えられなかった。本当に知らなかったらしい。しかし、新城一派は容赦しなかった。答えない3人に向かって冷酷に拳銃を乱射したのだ。3人は折り重なって倒れ、上から土をかぶせられた。この穴は3人の墓穴だったのである。
埋め終わって引き上げようとしたとき、穴の中から1人が血と泥に塗れて這い出てきたという。暗闇にうごめく姿に恐ろしさを覚えたのか、新城一派はドスでメッタ刺しにしたうえ、こめかみを拳銃で撃ち抜いてトドメを刺したのだ。ようやく動かなくなった組員を埋め戻すと、7人はその場から立ち去った。
数カ月後、事件が発覚。警察が穴を掘り返すと、遺体は白骨化していたが、凄惨な仕打ちや苦悶のなかで息絶えた痕跡がまざまざと残っていたという。殺人現場には慣れている刑事らも「あまりにも残酷」と絶句したとされる。ヤクザ史上、最も残酷な殺戮とされた沖縄抗争の一場面である。

「ワシを生きて返したら、お前ら皆殺しじゃ！」

78年3月、高知市の隣町にある海岸の波打ち際で死体が発見された。だが、それは見るからに異様だった。荷造り用の麻ヒモで肩から足首までグルグル巻きにされていたのだ。さらに、顔やノドには鋭利な刃物による刺し傷が数カ所あったという。司法解剖の結果、死因は溺死、死亡時刻は深夜と推定された。そして遺体の身元は広島・尾道に本拠を置く俠道会（当時・森田幸吉初代会長）の池澤組（池澤望組長、現・三代目俠道会会長）に属する滝下健夫幹部と判明した。

70年に池澤組長は生まれ故郷に近い高知市内に俠道会高知支部を設立。しかし、高知は三代目山口組直系の中井組（中井啓一組長・山口組舎弟、のちに一和会最高顧問）や豪友会（中山勝正会長・山口組若頭補佐、のちに四代目山口組若頭）の本拠地でもあった。すぐに、豪友会との間で拳銃を使った激しい抗争が勃発。組織力に圧倒的な差がありながらも、池澤組長は果敢に戦いを挑み続けた。77年には池澤組を立ち上げ、さらに豪友会の神経を逆なでした。滝下幹部も何度となく豪友会組員らと命がけの勝負を重ねており、豪友会内では「根性者」としてよく知られていたという。

そして、78年3月のある夜、繁華街で滝下幹部は豪友会の組員らと遭遇。そのまま車で拉致され、監禁された状態で激しい暴行を受けたとされる。味方のいない状況での袋叩きは、泣きを入れさせるには最適とされ、このときも滝下幹部が許しを請うのを豪友会側は待っていた。ところが、滝下幹部は一向に参った様子を見せない。それどころか、「ワシを生きて返したら、お前ら皆殺しじゃ！」と叫び続けたのだ。このまま返したら本当に殺されると感じたのか、豪友会組員らは海へ連れていき、溺死する危険を承知でそのまま放置したようだ。

尾道にある侠道会本部の大広間には歴代組長の写真とともに、組織に功績のあった組員の写真も飾られている。そのなかで、最も若い人物が滝下幹部だ。ヤクザには命より大切なものがあると、20代の滝下幹部は見る者に語りかけている。

永遠のロシアンルーレット、望むのは生か死か

90年12月、神戸市内のマンションの一室で波谷組系岩田組の岩田好晴組長の死体が、波谷組関係者に発見された。岩田組長は頭部から血を流しており、そばには拳銃が落ちていたことから当初は自殺と見られたのだが、関係者らの証言から亡くなる前に「ロシアンルーレット」で何度も度胸試ししていたことが判明。誤って死亡した可能性も浮上した。

この時期、「最期の博徒」こと波谷守之組長が率いる波谷組と五代目山口組との間では「山波抗争」が起きていたのだが、その発生要因を作ったのが岩田組長だった。同年6月、自身の兄弟分が波谷組に入ることが決まっていたにもかかわらず、直前になって山口組の弘道会（司忍会長、現・六

代目山口組組長）系組織に舎弟として入門してしまった。メンツを潰された格好の岩田組長は、兄弟分を射殺したのだ。

直後から激しい抗争が勃発。翌日には波谷組幹部と間違われ一般人が射殺されるなど、その後も銃撃事件が相次いだのである。逃亡した岩田組長は神戸のマンションに潜伏していた。日増しに抗争が凶悪化、拡大化するにつれ、抗争の原因であることを悔やみ自分を追いつめていった。そして、弾が出ないことではなく、弾が出ることを願って、ロシアンルーレットを繰り返したのではとの噂もある。この事件の影響もあってか、直後に抗争終結。しかし、自殺か事故かの真相は永遠にわからないままとなった。

94年11月、波谷組長もこめかみを拳銃で撃ち抜いて自決した。岩田組長との関連は定かではないが、自決の知らせを聞いた多くの業界人は、波谷組長も山波抗争の責任を感じていたのだろうと察して、その死を惜しんだのである。

※

とある抗争で亡くなった組員の葬儀で出棺の際、2人のヤクザがつぶやいた。

「親分の身代わりで死ねなんて、男で逝《い》けたんだから最高だ」「そうだな、こんな羨ましい死にざまはない」――。2人に冗談を言い合っている雰囲気はなく、できることなら自分もそうありたいと願う羨望のまなざしで霊柩車を見送っていた。華々しく散ること、それがヤクザにとり理想の最期なのだろう。しかし、目をそむけたくなるほど虚しくて残酷な結末のほうが圧倒的多数を占める。ヤクザは死から遠ざかることはできない。さらにいえば、死にざまを選ぶこともできないのだ。

第6章　銀幕のヒーロー

映画俳優・作家に転じた「愚連隊の王者」は永遠に

安藤昇

東興業社長
安藤組組長

1926－2015

あんどう・のぼる●1926年、東京都生まれ。荒れた少年時代を送り、法政大学中退後の52年、渋谷に東興業設立とともに安藤組を結成。それまでの暴力団像とは違うファッショナブルなスタイルが支持され、最盛期には構成員が1000人を超えたという。58年の横井英樹襲撃事件や警察の頂上作戦で自身や幹部も逮捕されるなど、規模の縮小を余儀なくされ、64年に安藤組は解散。映画俳優に転向し、多くのヒット作品に出演した。2015年、肺炎で死去。

15歳で感化院、18歳で少年院に収監されるなど戦前は不良学生だった。戦後に特攻隊の生き残りとして復員した安藤昇組長は、入学した法政大学を翌年には退学し、仲間とともに愚連隊を結成。1952年、渋谷に東興業を設立すると、当初は不動産や興行などを扱っていたが、やがて賭博などに傾倒していきヤクザと同様の組織となった。これがいわゆる安藤組である。

安藤組は最盛期で500人、一説には1000人以上の構成員を抱えていたといわれ、そのなかにのちにベストセラー作家となる安部譲二、本田靖春の小説『疵』や漫画『グラップラー刃牙』の花山薫のモデルとして知られる喧嘩師・花形敬らがいたのだ。

安藤組の幹部はすべて大卒、または中退者で構成され、刺青・断指・薬物を厳禁とする一方、スーツの着用を推奨するなど、ファッショナブルなスタイルだったことから若者を中心に支持され、その人気は絶大だったという。

58年、実業家・横井英樹氏の債権取り立てのトラブル処理を請け負った際、その話し合いの席で安藤組長は横井氏の言動に激怒。同日、安藤組長は配下組員に横井氏の襲撃を命じ、組員は横井氏のいる社長室へ押し入ってブローニング銃を発砲。銃弾は横井氏の体内を貫通し意識不明の重体に陥ったが、かろうじて一命を取り留めた。

この襲撃事件で、安藤組長は殺人未遂の罪で懲役8年の実刑判決を受けた。リーダーを失った安藤組は、警察当局の頂上作戦などによって幹部らが逮捕され、また、63年には花形氏も東声会との抗争で刺殺されたこともあって規模縮小を余儀なくされる。

そして、安藤組長は出所した64年、対立組織との抗争で配下組員1人が殺害されたことをきっかけに、12年の歴史を持つ安藤組の解散を決意。同年末、千駄ヶ谷区民講堂で安藤組の解散式が行われたのである。

これで何もかも失ったはずだったが、翌65年に映画俳優へ転向し、自叙伝を映画化した『血と掟』に主演。役者経験のない安藤組長はこれを当初は断ったが、目の前に積まれた現金の魅力には抗えなかったという。しかし、作品がヒットしてその年の松竹映画の配給収入1位を記録、わずか1年で9本の映画に主演するなど、映画スターの仲間入りを果たすのだ。79年に東映映画『総長の首』への出演を最後に俳優を休業。これ以降はVシネマのプロデュースや文筆活動に精を入れていた。

2015年、肺炎で死去。翌年に行われた「安藤昇　お別れの会」には多くの映画関係者・俳優らが押し寄せ、その存在の重さを改めて知らしめた。

日本のヤクザ90

力道山を震え上がらせた戦後最強の素手《ステ》喧嘩《ゴロ》師

花形敬

安藤組幹部

1930—1963

はながた・けい●1930年、東京都生まれ。旧家の出で進学校の旧制千歳中に入学したが終戦後、旧制国士舘中に入学、石井会の石井福造会長と同級となる。明治大学予科退学後に石井会長の縁で東興業に入ると、戦後焼け野原となった渋谷で、素手での喧嘩にこだわる超人的な腕っ節の強さと気性の荒さから、裏社会のなかでも恐れられる存在となる。安藤組第二番隊長、安藤組組長代行として活動したが、63年に東声会との抗争で刺客に刺され死亡した。

戦後、混乱期の渋谷で隆盛を誇った安藤組。カリスマ・安藤昇組長を筆頭に刺青や指づめを禁止するファッショナブルな新興ヤクザのなかで、とりわけ異彩を放った男が花形敬氏だ。トレードマークであった白いスーツに身をつつみ、喧嘩の最中でさえソフト帽の角度を気にしていたという男のツバの下は、深い刀傷が何本も走っていた。

日本人離れした体格だったという花形氏の腕っ節の強さは、国士舘中学時代から「街を歩けばヤクザが道をあける」といわれるほど知れ渡っていた。1950年、旧知の仲だったのちの住吉会石井会の石井福造初代会長に誘われ安藤組の舎弟になると、そこからは命知らずの武勇伝にはこと欠かなかった。

「ハジキじゃおれは殺せないぜ。機関銃を持ってこいよ」と嘯《うそぶ》いていたのは伊達ではなく、内部抗争でピストル2発撃たれてもその日のうちに病院を抜け出して相手を探しまわり、〝人斬りジム〟といわれるロシア人と喧嘩になった際は、相手が日本刀を抜いてきたために斬られる前に殴り殺したという。

巷間伝えられるこれらのエピソードのどこまでが真実かはわからない。だが往年を知る者が口をそろえるのが、武器を持った相手にも怯まず、つねにステゴロ（素手喧嘩）で叩きのめした花形氏のヤクザとしての〝華〟だ。

なかでも最も高名なエピソードが力道山との因縁だろう。安藤組に挨拶がなくオープンさせたキャバレーに乗りこんでいった花形氏の前に立ちふさがった用心棒・力道山を、「てめえみたいな野郎に用心棒が務まるか！」と一喝、引き下がらせたという。後日話をつけるために呼び出したものの、力道山は姿を見せずに逃げまわり、国民的なスターになったあとも年少の花形氏を「敬さん」と呼び頭が上がらなかったという。

そんな花形氏に安藤組長も絶対的な信頼を寄せ、横井秀樹襲撃事件で服役中には組長代行として組織を任せた。だがその直後の63年、花形氏は自宅近くで対立していた東声会の2人組の男に襲撃される。滅多刺しにされながらも自宅まで這って帰ったが出血多量で死亡、33年の短すぎる生涯を閉じた。

しかし「伝説の喧嘩師」としての生きざまは、菅原文太が演じた『安藤組外伝 人斬り舎弟』や、陣内孝則主演の『疵《きず》』など死後もたびたび映画化がなされ、近年でも格闘漫画『グラップラー刃牙』のキャラクターモチーフとなるなど、ヤクザという枠を越えた希有な存在となっている。

日本のヤクザ⑼1

近代ヤクザの先駆け的存在「ボンノ」の寂しすぎた晩年

菅谷政雄

三代目山口組若頭補佐
菅谷組組長

1915—1981

すがたに・まさお●1915年、兵庫県生まれ。戦前から愚連隊を率いて、終戦後は不良三国人らとともに非合法活動で勢力を伸ばした。46年、舎弟が起こした殺人事件により長期服役。59年の出所後、田岡三代目から盃をもらい山口組直参となり菅谷組を結成した。63年に若頭補佐に昇格。一時、菅谷組は全国に進出し1000人以上の構成員が在籍したが、77年に舎弟を暗殺させた理由から絶縁処分を受ける。81年に菅谷組を解散させ引退、直後に死去した。

菅谷政雄若頭補佐は幼少時、頻繁にイタズラを繰り返したため、業を煮やした近所の寺の住職が「コラ、煩悩！」と叱ったことから、亡くなるまで「ボンノ」と呼ばれたという。

戦前から神戸の繁華街・三宮を中心に愚連隊を率いて暴れまわり、不良の間では「ボンノ」の名は広く知られ、同時に恐れられていた。終戦後には闇市の用心棒や、闇で取引される物資の管理などを不良三国人らと力を合わせて行っていたとされる。

三宮では無敵を誇り、つねに純白のスーツに身を包んでいた菅谷若頭補佐は、どんな不良を相手にしてもパンチや蹴りを受ける前に倒していたため、スーツはいつでも汚れ一つなかったという。また、どのキャバレーでも菅谷若頭補佐が姿を見せれば、生バンドは「セントルイス・ブルース」を演奏して出迎えるなど別格の扱いで、まさに神戸の顔役だった。この当時の雄姿は映画『神戸国際ギャング』で高倉健により再現されたこともあって、ヤクザ映画ファンには有名だろう。

同じ頃、山口組の有志らで自警団を結成し、不良米兵や三国人らの理不尽な暴力から神戸の市民らを救おうと奮闘していた田岡一雄三代目らと、偶然に関わりを持ったことがあったという。田岡三代目らと神戸の朝鮮人連盟との間でトラブルが起き、一触即発の状態でにらみ合っていた場面にたまたま遭遇し、菅谷若頭補佐が間に立って仲裁したのである。それをきっかけにして二人の間で親交が始まっても不思議ではなかったが、運命がそれを許さなかった。直後に舎弟が犯した殺人事件で責任を問われ、1959年まで10年以上の懲役を余儀なくされるのだ。だが、田岡三代目は菅谷若頭補佐を忘れてはいなかった。出所後、すぐに田岡三代目は菅谷若頭補佐と親子の縁を結び期待を寄せた。それに応えるように菅谷若頭補佐は菅谷組を結成し東北、北陸、関西、九州の各地で勢力を広げていった。63年には若頭補佐に任命され、組織も順調に拡大するなど順風満帆に見えた。

だが、77年に菅谷組の有力舎弟だった川内弘・川内組組長が山口組の直参昇格を裏で画策したことに激怒し、手下に暗殺させる暴挙に出たことで眼前に暗雲が立ち込める。事態を重く見た山口組が菅谷若頭補佐に絶縁処分を下したのだ。菅谷若頭補佐は「ワシを処分できるのは田岡親分だけ」として処分後も組織を存続させたが、次第に弱体化の一途をたどった。

81年、ついに菅谷若頭補佐は田岡三代目の前で親不孝を詫び、組織の解散と自身の引退を告げた。その翌月、田岡三代目は亡くなり、同年末には菅谷若頭補佐も息を引き取ったのだ。

処分後、山口組からの攻撃に決して報復しなかったようだが、それは田岡三代目や山口組への愛着があったからに違いない。

日本のヤクザ⑨②

山口組の九州進出に貢献 伝説の鉄砲玉「夜桜銀次」

平尾国人

三代目山口組石井組舎弟

1929―1962

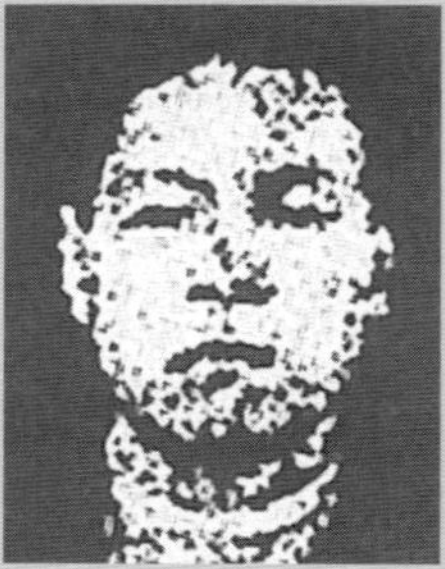

ひらお・くにひと●1929年、大分県生まれ。同県佐伯市で愚連隊として暴れまわっていたところ、別府の石井一郎・石井組初代組長の知己を得て舎弟となる。57年、石井組と井田組との間で起こった「別府戦争」の際に傷害罪で指名手配され神戸へ逃亡。さらに60年に「明友会事件」が発生すると山口組襲撃班に参画し大阪府警からも指名手配された。このため、伊豆組の伊豆健児組長を頼って博多に移るが、賭場で揉めごとを起こすなどして、62年に射殺された。

〝伝説の鉄砲玉〟として知られる、通称「夜桜銀次」こと平尾国人舎弟。彼は筋肉質の細面の男で、背中一面に夜桜の刺青があった。無口でニヒルな虚無感を漂わせ、コルト回転式38口径を肌身離さず身につけ、ときにチラつかせたという。大分県に生まれた平尾舎弟は、愚連隊として暴れまわった後、別府の石井組に出入りするようになり、石井組の石井一郎初代組長の舎弟となる。1958年、石井組長は九州では初の山口組直参になり、平尾舎弟も自動的に山口組系組員となった。

57年、石井組と井田組との間に生じた「別府抗争」に参戦した平尾舎弟は、傷害罪で指名手配を受ける。そのため九州を離れ、神戸の山口組舎弟である白石幸吉・白石組組長の元に身を寄せた。

しかし、その滞在中の60年、今度は「明友会事件」が起き、平尾も山口組襲撃班に加わったことで、大阪府警からも凶器準備集合罪で指名手配された。このため平尾舎弟は翌61年に、石井組長と兄弟分である伊豆健児・伊豆組組長を頼って博多に移った。だが、当時は石井組を橋頭堡《きょうとうほ》として山口組の九州進攻が積極的に展開されており、地元組織との間には緊迫感が漂っている状況だった。

伊豆組長にアパートを世話してもらった平尾舎弟は、博多のネオン街を夜ごと派手に遊びまわったという。そんな男の姿が、地元ヤクザの目を引いたのはいうまでもない。同じ頃、平尾舎弟は博多にある宮本組の賭場でトラブルを起こす。金銭上のもつれから宮本勝組長を殴打し、二挺拳銃で威嚇射撃しながら立ち去ったのだ。

そして翌年、平尾舎弟はアパートで射殺体となって発見された。「銀次、射殺される」の悲報に、兄貴分の石井組長は「銀次がかわいそうや。銀次を殺った拳銃を探せ!」と、男泣きしたとされる。

これを受けて山口組側は、前年の宮本組の賭場での一件から、平尾舎弟の射殺は宮本組の仕業と判断。山口組の地道行雄若頭は、交渉役として現地に若頭補佐の山本広・山広組組長を派遣した。山広組長、石井組長、伊豆組長の3人と九州勢との間で会談が持たれたが、交渉は決裂。これにより地道若頭は傘下組織に九州動員を命令、山口組の九州進攻の幕が上がるのだ。

しかし、その後、射殺事件の真相が判明する。犯人は平尾舎弟が金をせびっていた炭坑経営者が雇った殺し屋だとわかったのである。

結果的に、山口組の九州進攻作戦において鉄砲玉としての役目を見事に果たした夜桜銀次。〝伝説の鉄砲玉〟として、いまなお語り継がれている所以《ゆえん》である。それでも、このように鉄砲玉が名を残すケースは非常にまれで、報われた試しは一度としてないのが実情だ。映画『山口組外伝 九州進攻作戦』で菅原文太が平尾舎弟を演じているが、やはり悲哀が漂っている。

日本のヤクザ⑼③

〝ボンノ〟に愛されながら凶弾に散った「北陸の帝王」

川内弘

三代目山口組菅谷組舎弟
川内組初代組長

1924—1977

かわうち・ひろし●1924年、福井県生まれ。愚連隊のリーダーを務めてから、福井にあった博徒組織に入門。福井で顔を知られるようになり川内組を結成した。ボンノこと菅谷政雄・菅谷組組長と出会って舎弟になると、川内組は勢力を拡大。福井のほか、岐阜、京都、静岡、栃木、福島などに組員約400人を抱え「北陸の帝王」と呼ばれた。しかし、内輪揉めが原因で菅谷組長との間に確執が生じ、77年に破門され射殺された。53歳の若さだった。

三代目山口組の3次団体ながら、直系組織に匹敵する組員を抱え「北陸の帝王」と呼ばれたのが川内組を統率した川内弘初代組長である。

川内組長は福井県三国《みくに》町の出身。若い頃は愚連隊のリーダーとして一派を率い、その後、福井にあった博徒組織の親分から盃をもらって渡世入りし、地元をはじめ福井で顔を売った。その後、抗争事件に関与しての服役を経て、愚連隊時代からの仲間らを率いて離脱すると新たに「川内組」を結成。出身地の三国町を本拠に勢力を伸長させたのだ。

当時は山口組による「全国進攻作戦」真っただなか。小西一家、菅谷組、柳川組などが相次いで北陸に進出していた。そのなかで川内組長は〝ボンノ〟こと菅谷組の菅谷政雄組長と出会う。初めて川内組長と会った菅谷組長は「ワシの若い頃に似てる」と一目惚れし、舎弟になるよう持ちかけた。川内組長には愚連隊時代からの兄貴分がいたため返答を保留していたが、菅谷組長は即座にその兄貴分を訪ね、川内組長をもらい受ける話をつけたという。

1962年に飛ぶ鳥を落とす勢いだった菅谷組の舎弟となった川内組は、さらに勢力を拡大。三国競艇場の利権を皮切りに次々と範囲を広げ、福井市の組織を傘下に収めるだけでなく、東北の郡山、白河にも勢力拠点を築いていった。70年代初頭には、福井を拠点に岐阜、京都、静岡、栃木、福島などに組員約400人を抱え、川内組長は「北陸の帝王」と呼ばれるようになったのである。

ところが74年頃、川内組傘下と菅谷組系組織との間で抗争が勃発。これに川内組傘下の組織に不利になるような裁定が下されたことで、川内組長と菅谷組長との間に確執が生じる。川内組長は菅谷組の会合にも出席しないようになったのだ。当時の川内組は、山口組本家から見れば3次団体にすぎなかったが、組員400人の勢力は直系組織でも決して見劣りしなかった。このため、実際に川内組長の直参昇格が最高幹部会の議題に上っていたといわれる。この二人の争いは映画『北陸代理戦争』でモチーフにされるほど世間でも注目されていた。

直参昇格を強く望む川内組長に、頑として聞き入れない菅谷組長。そのため川内組長は本家執行部に直接働きかけたとの噂が流れ、激怒した菅谷組長は77年、川内組長を破門にしたのである。

そして同年4月、悲劇が起きる。昼下がりの三国町の喫茶店「ハワイ」で、川内組長はカタギの友人らと談笑していたところ、菅谷組傘下の男2人が突然乱入。うち1人が川内組長に声をかけて確認するといきなり銃弾2発を浴びせたのである。川内組長はただちに病院に運ばれたが約2時間後に死亡。53歳という、「北陸の帝王」と呼ばれた男のあまりにも早すぎる死だった。

ヤクザ界カリスマの実子 人格も体格も雄大で剛胆

稲川裕紘

稲川会三代目会長
稲川一家総長

1940―2005

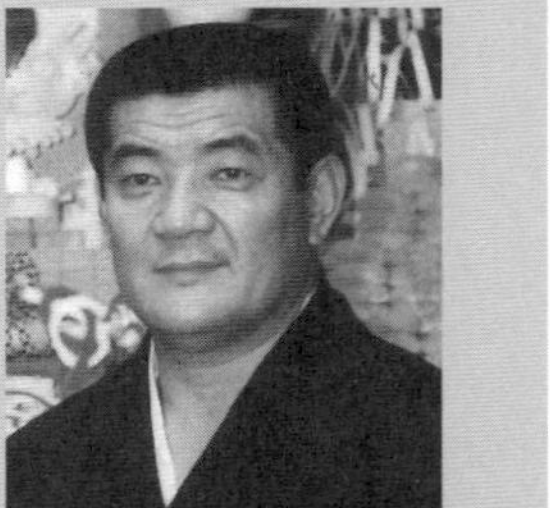

いながわ・ゆうこう●1940年生まれ。実父は稲川会の創設者で、初代会長も務めた稲川聖城総裁。59年、19歳で稲川会横須賀一家の石井隆匡五代目総長（のちの稲川会二代目会長）の下でヤクザ修業を始めた。74年に静岡県熱海市を縄張りとする山崎屋一家を継承。80年には神奈川県横浜市の縄張りも継承して稲川一家の総長に就任した。その後、稲川会で本部長、理事長など重職を歴任。90年、稲川会の三代目会長を継承した。2005年、死去。

稲川裕紘会長がヤクザを志した際、実父である稲川聖城総裁は烈火のごとく怒り、断固として反対したという。しかし、裕紘会長の決意は揺らぐことがなかった。そこで、稲川総裁は五代目横須賀一家総長で、のちの石井隆匡・稲川会二代目会長の下で部屋住み修業を命じた。

ヤクザ社会は擬制血縁関係で成立しているが、親分の実子となれば話は別だ。ましてや、業界のカリスマとして長年にわたって君臨してきた稲川総裁の実子ともなれば、特別の存在とされる。それでも、石井会長は少しも手加減することはなかった。逆にほかの若い者に対する以上に厳しく、裕紘会長を鍛え上げた。

一方の裕紘会長もくじけることなく、来る日も来る日も厳しい修業に耐えたという。生来の才覚に加え、鍛錬された根性が備わったことにより、日の出の勢いで裕紘会長は成長を遂げていく。そして、修業を重ねる日々のなか、密かに胸に秘めていたのは、「いつかは稲川会の頂点に」との決意だったという。

1974年に静岡・熱海を縄張りとする山崎屋一家を継承して総長に就任すると、80年には横浜の縄張りも継承し、山崎屋一家を吸収して稲川一家を再興させて総長に就任した。その後、稲川会で本部長、理事長といった執行部ポストを歴任しキャリアを積み重ねた。とくに本部長時代、山口組と一和会との間で勃発したヤクザ史上最大最悪の「山一抗争」の終結に向けて奔走し、抗争にピリオドを打った功績には、大きな称賛が業界から送られたのである。

90年、石井会長が病気を理由に、わずか4年で会長職を辞し、ヤクザも引退したため、裕紘会長は三代目会長に就く。92年には山口組、住吉会と同時に稲川会が初の指定暴力団となるなど、裕紘会長が三代目を継承した当時はすでに、ヤクザに厳しい風潮が強まった時代だった。

96年には五代目山口組の渡辺芳則組長と五分義兄弟縁組盃を交わし、東西の巨大組織がさらに友好を深めた瞬間を迎え、ヤクザ業界のみならず世間的にも注目を集めた。

だが、三代目会長時代には抗争事件も続発。いずれも大規模ではなかったが、在京組織との間で抗争を繰り広げた。関西圏に比べて平和な雰囲気のあった関東各組織、さらには警察当局を緊張状態に駆り立てるには十分すぎる出来事だった。裕紘会長は稲川会三代目として、東奔西走する日々を送ることになった。2002年にリメイクされた映画『修羅の群れ』では渡哲也が演じ、作品に凄みを出していたように、実際の裕紘会長も堂々たる体軀の持ち主だった。だが、肝臓病を患い闘病生活を送るようになり、まだまだこれからという05年、志半ばで黄泉の国へと旅立った。

「最後の博徒」の誇りを堅持 拳銃自決の真相は闇の中へ

波谷守之

波谷組組長

1929―1994

はだに・もりゆき●1929年、広島県生まれ。戦時中の45年、高等小学校を卒業後、広島一帯を収める渡辺長次郎親分の下で修業を始めた。だが、原爆投下により渡辺親分は死亡し、自身も後遺症に悩まされた。しかし、優れた博才を発揮したことで多くの人々を惹きつけ、「ボンノ」こと山口組若頭補佐の菅谷組・菅谷政雄組長とは兄舎弟の縁を結んだ。後年、冤罪事件や抗争の当事者になるといった波瀾万丈の渡世は、94年に拳銃自決によって幕を下ろした。

広島県呉市に生まれ育った波谷守之組長は1945年、15歳で広島随一といわれた渡辺長次郎親分の子分となった。ところが、部屋住み修業を始めてまもなく原爆が投下され、渡辺親分は死亡。渡辺親分を探して爆心地に入った波谷組長も二次被爆したのだ。後遺症に苦しむ波谷組長は故郷に戻り、渡辺親分の舎弟だった土岡博親分が結成した土岡組に入門。この頃、すでに波谷組長はベテラン博徒も舌を巻くほどの博才を披露していた。波谷組長は大きな抗争で活躍こそしていないが、その生きざまが映画や小説で取り上げられ、多くのヤクザからリスペクトされるのは、ひとえにこの博才によるものだった。

波谷組長の博奕に魅せられた者は多いが、「ボンノ」の異名を持つ三代目山口組若頭補佐の菅谷政雄・菅谷組組長も、その一人だった。あるきっかけで縁ができて以来、菅谷組長は波谷組長の生き方に惚れ込み、五分の兄弟分の縁を結びたいと打ち明けた。しかし、波谷組長は「山口組の大幹部と、博奕打ちではとても釣り合いません。どうか舎弟の一番下に置いてください」と遠慮したという。

70年に波谷組長は菅谷組長と兄舎弟の縁を結んだ。波谷組長は兄貴分の菅谷組長をつねに立てる一方、菅谷組長は自身が主催するパーティーなどでは最上位の席を用意して迎えた。しかし、「博徒は日陰者」との哲学を持つ波谷組長は、そうしたにぎやかな場所にはほとんど姿を見せなかった。そんななか、77年、配下の直系組長が自身を無視して山口組の直参昇格を画策したことに不満を覚えた菅谷組長は、組員らにその直系組長を殺害させる事件を起こした。そして菅谷組長は山口組から絶縁され、周囲からは潮が引くように人が消えた。

それでも波谷組長は菅谷組長の元をたびたび訪れたという。81年に菅谷組長は田岡一雄三代目に詫びを入れ、引退と菅谷組解散を告げたが、その背景には波谷組長の説得があったとされる。映画『最後の博徒』でも、菅谷組長と対峙して諭すシーンは作品のクライマックスだ。菅谷組長の死後も波谷組長は義理を立て、「山一抗争」中の87年に行われた七回忌法要では、菅谷組長と縁のある一和会系組員の焼香を実現させた。これに限らず、ほかの抗争の陰でも何度となく和平交渉に尽力したといわれている。

その間、冤罪事件に巻き込まれ、84年に無罪を勝ち取るまで7年も法廷闘争を続けた苦労があった。また90年には山口組との間で「山波抗争」が起き、平和共存のために働いてきた自分が抗争の当事者となったことを嘆いていたともいわれる。94年、波谷組長は大阪の自宅で拳銃自決を遂げる。これが「最後の博徒」と呼ばれたヤクザが最後に示した俠《おとこ》の所作だった。

仁義なき抗争を起こした〝人斬りの哲〟の三日天下

佐々木哲彦

山村組若頭

１９２２―１９５９

ささき・てつひこ●1922年、広島県生まれ。履物屋を営んでいた家庭に生まれる。戦後、呉で博徒をしていたところを山村辰雄組長に誘われ山村組へ入り若頭に就任。数々の抗争で"人斬り哲"と呼ばれ、第一次広島抗争で貢献した。親分の山村組長を強制引退させ呉を手中に収めるが、小原組の幹部らに襲撃され死亡。享年37だった。映画『仁義なき戦い』で松方弘樹が演じた坂井鉄也のモデルになるなど、後世に語り継がれる広島抗争の中心人物である。

映画『仁義なき戦い』は当初、山村組出身の美能幸三・美能組初代組長をモデルにした広能昌三が主人公になる予定ではなかった。実は菅原文太が演じるはずだったのは、〝人斬りの哲〟と呼ばれた武闘派の佐々木哲彦・山村組若頭だったという。

山村組の結成は１９４６年で、当時すでに佐々木若頭はナンバー２の地位にあった。頭は切れるが短気で知られ、ケンカでは相手を匕首《あいくち》で斬り裂くことから「人斬り」のあだ名がついた。新興勢力だった山村組と呉を仕切っていた土岡組との全面抗争となった第一次広島抗争では、佐々木若頭は、美能組長が殺しそこねた土岡組の土岡博組長を舎弟に射殺させた。その後、土岡組は瓦解し山村組の天下となり、佐々木若頭は名実ともにナンバー２となったのだ。

だが抗争はここで終わらない。急速に力をつけた山村組内での身内同士の内部抗争が起きた。佐々木若頭と対立したのは、覚せい剤の密売により勢力を拡大させた新居勝巳組員と今田泰磨舎弟のグループ。抗争は熾烈を極め、佐々木若頭は舎弟を無人島で拷問の末にカービン銃で射殺されるなど窮地に立たされるが、舎弟2人を使って新居組員を刺殺。これにより新居・今田派は消滅したのだ。

再び統一されるかに見えた山村組だったが、今度は組内の実質的な首領となった佐々木若頭と山村辰雄組長との〝親子〟の争いが勃発する。

「神輿《みこし》が勝手に歩けるいうんなら歩いてみいや!」

映画『仁義なき戦い』でも使われた有名な啖呵《たんか》だ。親を「神輿」と侮蔑するヤクザ最大のタブーである造反の背景には、山村組長との根深い確執があったという。不仲のきっかけは山村組長の身代わりでの服役中、山村組長が佐々木若頭の愛人に手を出したからといわれる。その後、佐々木若頭は広島市を支配していた岡組のあと押しを得て、ついに山村組・山村組長を引退させた。

呉は佐々木若頭の天下となった。「太陽興産」を興し、土建業からダンスホールやパチンコ店経営、プロレス興行も歌手の公演もすべて取り仕切った。だが59年にビリヤード場から出てきた佐々木若頭は凶弾に倒れた。勢力を広げるため呉の小原組の後継問題に強引に介入。自分の若頭を跡目にすえようとしたことで、小原組の門広幹部一派らの怒りを買ったのだ。事件は継承披露の前日だったことから、山村組長が裏で門広幹部らをそそのかしたとの話もある。

実質4カ月という短すぎる天下だった。「強すぎたために殺された」とも「豪胆さが災いを招いた」ともいわれている。いずれにせよ多くのヤクザが異口同音に「生きていれば広島の絵図が大きく変わった」と語るように、そのカリスマ性は一般市民の間でも周知されていた。

日本のヤクザ97

激動の広島抗争を生き抜いた「仁義なき」武闘派ヤクザ

美能幸三

1926―2010

美能組初代組長

みのう・こうぞう●1926年、広島県生まれ。父親は退役軍人で海軍工場に勤め、母親は小学校の教員。海軍からの復員後、山村組に入り第一次・第二次広島抗争に参加。山村組から破門となるも敵陣営の打越側について抗争を主導した。63年、広島県警に逮捕され網走刑務所に服役。『仁義なき戦い』の原作となった手記を執筆、小説はベストセラーになった。獄中で引退を宣言し、ヤクザに戻ることなく出所後はホテル経営で成功を収めた。2010年、83歳で死去。

昭和ヤクザ史に残る広島抗争の中心人物。映画『仁義なき戦い』で菅原文太が演じた「広能昌三」のモデルとなった武闘派のビッグネームである。

海軍から復員した若き美能幸三・美能組初代組長は、『仁義なき戦い』冒頭で描かれている通り、終戦後の焼け野原の呉の街で博徒暮らしを送っていた。しかし、地元ヤクザの山村組と旅人ヤクザとのケンカに巻きこまれ旅人を射殺。出所後、保釈金を積んでもらった山村組に入り武闘派として名を響かせていくのだ。しかし、山村組の山村辰雄組長は、舎弟たちと正式な盃は交わしていなかったともいわれる。山村組長には伝統的なヤクザ組織をつくる気がなく、必要としたのはあくまで金儲けの手段としての暴力、つまりはいざというときに体をかける〝鉄砲玉〟だったようだ。

そのハマリ役が美能組長だった。1949年、呉での第一次広島抗争で美能組長は、対立する名門・土岡組の土岡博組長の襲撃を買って出た。だが、弾丸は命中したものの土岡組長は一命を取り留め、山村組長は激怒。再出撃を命じたが美能組長は自首し、長い懲役生活に入った。この事件が「あの親の下におって、仁義もクソもあるかい！」という、のちの遺恨のきっかけとなったとされる。

59年、出所後に美能組長は再び山村組幹部として迎えられるが、62年に山村組と打越組との第二次広島抗争が勃発した。ここで美能組長は山村組長への不信感から、破門もいとわず打越組幹部に接触。刑務所時代に兄弟分となった三代目山口組の山本健一・山健組組長と協力し、打越組が山口組の後ろ盾を得るパイプ役となった。

そして63年、呉市で美能組の亀井貢幹部が山村組の若衆に射殺されたことから、銃弾やダイナマイトが飛び交う凄惨な抗争へ突入するのだ。この立ち回りで見てとれるのが、美能組長が菅原文太の演じたような単に武骨な熱血漢ではなく、恐ろしく頭の切れるクールな人物だったということだ。『仁義なき戦い』では執拗に山村組長の卑劣な姦計が描かれるが、任俠最大のタブーである逆縁というカードを切り、破門や盃外交など裏切りが交錯する抗争のなか、生き残った美能組長のしたたかさも特筆に値するだろう。獄中では『仁義なき戦い』の元となる手記を執筆し、映画は空前の大ヒットを記録。ヤクザ映画の名作として燦然と輝くいまも、「美能史観」は健在である。

美能組長は少年期、比較的裕福な中流家庭に育ち、谷崎潤一郎を愛読する文学青年だった。『仁義なき戦い』の原作手記を原稿用紙700枚も執筆できたのも、その教養が元になっていると思われる。「美能さんは別格だった。娑婆でも刑務所でも言動が違った」と同業者にもいわれた美能組長は、出所後は実業に身を転じてホテル経営で成功を収め、83歳まで天寿をまっとうした。

日本のヤクザ⑱

山上光治

復讐に燃えた〝殺人鬼〟組織に殉じた24年の人生

岡組組員

1924―1948

やまがみ・みつじ●1924年、広島県生まれ。39年に徴用され、43年に復員した。殺傷事件で少年院暮らしを送った後、岡組に入った。岡組時代の岡組長の姪とのロマンスは、映画『仁義なき戦い 広島死闘篇』でも描かれ、事実もそれに近かったという。抗争では、対立するテキヤ組織・村上組の組員2人を射殺。以前の警官殺しも含めて“殺人鬼”の異名をとった。48年、警官隊に包囲され拳銃自決を遂げた。最後の言葉は、「親分を頼むぞ」だったとされる。

戦争という惨禍はヤクザ社会にも影響を与えたが、その戦争が生んだ落とし子ともいえるのが、岡組の山上光治組員だ。

戦時中、思春期の真っただなかに徴用された山上組員はケンカで殺傷事件を起こしてしまう。少年院と徴用で終わった戦争から戻った山上組員は、広島市内の路上で洋モク売りを始めた。商売は上々だったが、〝掟〟を無視したため、庭場であったテキヤ組織の村上組に凄絶なリンチを受ける羽目になる。そこを救ってくれたのが、その村上組と大抗争を繰り広げる岡組の岡敏夫組長だった。ここで、山上組員の岡組長への恩と村上組への怨念が固まったといっていい。

山上組員は岡組に加入してまもない頃、倉庫荒らしを行い、その際に警察官を射殺してしまう。いまも昔もヤクザにとって警察官殺しは重い罪だ。山上組員は無期懲役の刑で広島刑務所に服役する。

ここまでは、戦後の混乱期のアウトローの生きざまとしては珍しいものではないが、ここからが凄まじい。山上組員はシャバへ戻る欲望が人一倍強かった。その理由の一つは村上組への怨念、もう一つは岡組長の姪との恋仲であった。そのために選んだのが、刑務所内で40日以上の絶食という壮絶なジキリ（自切り）だった。文字通り、死の一歩手前まで衰弱した山上組員は病院に搬送され、そこで見事に脱走に成功するのである（刑務所病舎に移され、岡組長が引き取ったという説もある）。

だが、脱走したからといって安住できる場所があるわけではない。〝岡道場〟と呼ばれた賭場で息を潜めて潜伏するしかなかった。同時にそこは、村上組と抗争中である岡組にとっては戦争の最前線でもあった。

予想通り、村上組の精鋭部隊は道場に殴り込みをかけてきた。そこでも山上組員は応戦、1人を射殺してしまう。戦後の混乱期としても2人を殺害すれば死刑は免れない。しかし、そこで山上組員に下された指令は非情なものだった。すでに2人を殺しているのだから、ヒットマンとなれ……と。山上組員は、組のために〝殺人鬼〟となる決意を固めた。その後も報復合戦を繰り広げていた村上組組員をつけ狙ったのである。映画『仁義なき戦い　広島死闘篇』で、山上組員役の北大路欣也が見せた狂気じみた演技に背筋を寒くした人も多いだろう。48年、松の内もまだ明けない頃、山上組員は村上組組員がいる人家の戸を開けるなり発砲、組員1人を射殺した。

そんな山上組員に最後の日が訪れた。警戒中の警察官に見つかり、人家に逃げ込んだが20人以上の警官隊に包囲される。ここまでと悟った山上組員は自らのこめかみに向けて発砲した。24年の短くも凄絶な人生に幕を下ろしたのである。

異名は「悪魔のキューピー」警官隊と銃撃戦の末に死す

大西政寛

土岡組若頭

1923―1950

おおにし・まさひろ●1923年、広島県生まれ。尋常小学校高等科を暴力行為で退校させられ、渡世入り。呉市阿賀町の有力組織・土岡組で若頭に。その突出した暴力性と、一見かわいらしい顔立ちから“悪魔のキューピー”の異名をとった。大西若頭は同時代の不良たちの目標でもあったという。また、映画『仁義なき戦い』の主人公のモデル・美能幸三組長や“最後の博徒”波谷守之組長を弟分としてかわいがっていた。50年、殺害容疑で逃亡中のところ、潜伏先で射殺される。

尋常小学校高等科を退校させられてすぐ、カシメという鉄工職人の組に入ったという。その頃の職人組といえば土建屋同様、ヤクザな世界であり、大西政寛若頭は持ち前の度胸と、のちに呉の不良に恐れられた凶暴性を武器に頭角を現していく。縁あって、呉の阿賀町で強大な勢力を築いていた土岡組に籍を置き、若頭まで上りつめた。

大西若頭の名が呉に一躍鳴り響いたのは、俗にいう「腕斬り事件」である。その頃、まだ愚連隊だった小原組の小原馨組長は、土建業の実力者と組み、土岡組のシマ内で暴れまわっていた。そこで業を煮やした土岡組の制裁部隊として、大西若頭が現れたのである。小原組長を捕らえるや、気合い一閃、日本刀で左腕を切り落とした。このとき大西若頭は、小原組長の兄弟分の腕も落としたというから凄まじい。この衝撃事件は映画『仁義なき戦い』のオープニングで再現されている。

ちなみに、この大西若頭と獄中で出会い、舎弟分になったのが美能幸三組長である。その美能組長は小原組長の弟・光男二代目とのちに兄弟分になるのだが、その交差する関係性から広島ヤクザの複雑さが見てとれる。

土岡組の若頭として権勢を振るった大西若頭だが、やがて親分の土岡博組長や弟分たちといくつかのことで心がすれ違うことになる。鬱々とした日々が続く大西若頭を見て、すかさず接近したのが呉の梟雄《きょうゆう》、山村辰雄・山村組組長であった。得意の深謀遠慮で大西若頭を取り込み、やがて土岡博組長暗殺を計画することになるのである。山村組長にしてみれば、目の上のたんこぶである土岡組長排除が念頭にあったのだろう。いずれにしても、計画は大西若頭の舎弟であった美能幸三組長によって実行されるが、その時は失敗に終わった。実力者を取り込んで競わせ、漁夫の利を得るのは山村組長の十八番《おはこ》だった。

この頃、大西若頭自身の身にも危険が迫っていた。腕斬りの一件やそのほかの暴力沙汰で「呉一番の暴れん坊」として警察に認定され、執拗にその行方を追われるようになったのだ。そんななか、悲劇が起きる。50年1月4日、正月明けの休息を妻と過ごしていた大西若頭は、一人の人夫と口論になる。「大西」という同じ姓を持つ青年に名前を騙られたと思った大西若頭は激怒、射殺してしまったのだ。

カタギを殺したヤクザを警察は許さなかった。2週間後、山村組関係者の家に潜んでいた大西若頭を捕捉し、銃撃戦の末、射殺したのである。大西若頭もまた、勇敢な現場刑事2人を射殺していた。大西若頭、享年27。収監中の刑務所でその知らせを聞いた美能組長は慟哭したという。

権謀術数で広島抗争を制した「仁義なき」山陽一の大親分

山村辰雄

山村組組長
共政会初代会長

1903―1974

やまむら・たつお●1903年、広島県生まれ。戦中を関西で工員・博徒として過ごす。46年、呉の顔役である海生逸一氏の資金援助を受け「山村組」を立ち上げ、武闘派組織として勢力を拡大した。62年から始まった第二次広島抗争では激戦を制して"山陽一の大親分"となる。64年、政治結社・共政会を結成して組織固めを図るも、抗争時の殺人容疑や脱税で起訴され、引退を余儀なくされる。映画『仁義なき戦い』の陰の主役「山守組長」のモデルとされる。74年没。

広島県を拠点とする指定暴力団・共政会初代会長、いや、映画『仁義なき戦い』で金子信雄の演じた「山守組長」という説明のほうが通りがいいかもしれない。広島のヤクザが現在も独立独歩の〝モンロー主義〟を貫いている根本には、数々の権謀と人心収攬《しゅうらん》で昭和史に残る抗争を制した山村辰雄組長の功罪がある。

渡世人としての始まりは、呉市の博徒・小早川静馬親分の盃をもらった18歳のとき。戦後、満州からの復員した山村組長は呉で山村組を結成、朝鮮戦争特需に乗じて土建業や博徒組織として成功を収める。その一方で若頭の佐々木哲彦をはじめとして、樋上《ひのうえ》実、美能幸三らの武闘派幹部をそろえていた山村組長にチャンスが訪れたのは1962年、「第二次広島抗争」でのことだった。

この年、広島市を治めていた岡組の岡敏夫組長が引退し、棚ぼたのように山村組長に跡目がまわってきた。これに反発し、抗争のかまえを見せたのが岡組の跡目をうかがっていた岡組の舎弟・打越会の打越信夫会長。だが岡組を統合して200人の構成員を抱えた山村組は、圧倒的な戦闘力で打越会を圧倒。劣勢の打越会長が後ろ盾を得るために山口組の田岡一雄三代目から舎弟盃をうけると、山村組長は山口組と敵対関係にある本多会・本多仁介会長と兄弟盃をかわし、事態は広島を越えた「代理戦争」へと発展した。

全国的組織をバックにつけた抗争は熾烈を極めるだけでなく、敵味方互いにデマや思惑が乱れ飛び、疑心暗鬼となった戦闘員たちの寝返りが横行した。仁義やルールを無視した銃撃戦で抗争は激化、市街地でダイナマイトを使用するゲリラ戦にまで至り、市民たちを恐怖に陥れた。

わずか半年の間で構成員9人の命が犠牲となった「仁義なき戦い」の責を、山村組長に問う向きは少なくない。映画『仁義なき戦い』で山守組長が小心で猜疑心の強い陰謀家として描かれるように、たしかに山村組長は老獪で人心を操るのが巧みであり、権謀をめぐらせて、ときには内紛を起こして組を支配してきた親分だったからだ。

しかしその権謀の大半は、呉の顔役だった海生逸一氏の意をくんだものだったともいわれており、また第二次広島抗争時には服部武・山村組若頭が実権を握っていたと語る証言もある。事実、打越会＝山口組勢力に対抗するため、64年に7団体を糾合して「政治結社共政会」を立ち上げ、傘下700人という大組織の会長におさまるも、わずか1年で引退を余儀なくされ、服部に会長の座を明け渡している。山村組長は引退後も院政を引くつもりだったというが、のちに重度の認知症を患い、孤独な晩年を送ったと伝えられている。

参考文献（順不同）

『山口組血風録 写真で見る山口組・戦闘史』（洋泉社）／『山口組 血の4000日［ドキュメント］菱軍団の軌跡』（洋泉社）／『山口組若頭 最も苛烈な運命を負った侠たち』（洋泉社）／『「菱」の侠たち』Vol.1〜6（日本ジャーナル出版）／『住吉会総覧』（竹書房）／『新制稲川会総覧』（竹書房）／『実話時代』2007年11月号.2011年3月号.2012年6月号.2014年6月号（メディアボーイ）／『実話時代BULL』2001年1月号（メディアボーイ）／『実話時報』2011年3月号（竹書房）／『暴力団』溝口敦（新潮社）／『首領 昭和闇の支配者−三巻』大下英治（大和書房）／『ヤクザ伝 裏社会の男たち』山平重樹（幻冬舎）／『冤罪 キャッアイ事件 ヤクザであることが罪だったのか』山平重樹（筑摩書房）／『極道の品格 山口組四代目暗殺の首謀者 石川裕雄の戦い』木村勝美（メディアックス）／『山口組 百年の血風録』（徳間書店）／『実録「仁義なき戦い」戦場の主役たち―これは映画ではない！』（洋泉社）／『実録「仁義なき戦い」外伝―血の抗争の鎮魂歌』（洋泉社）／『戦後ヤクザ抗争史』永田哲朗（イースト・プレス）／『日本「愛国者」列伝』（宝島社）／『猛牛（ファンソ）と呼ばれた男「東声会」町井久之の戦後史』（新潮社）／『愚連隊列伝 モロッコの辰』山平重樹（幻冬舎）／『ヤクザの死に様 伝説に残る43人』山平重樹（幻冬舎）／『伝説のヤクザ 実録日本侠雄列伝』山平重樹（竹書房）／『闇市の帝王 王長徳と封印された「戦後」』七尾和晃（草思社）／『山口組の100年 完全データBOOK』（メディアックス）／『ドキュメント 九州ヤクザ戦争 山口組vs道仁会の火を吹く抗争』安田雅企（青年書館）／『〈兇健〉と呼ばれた男』本堂淳一郎（幻冬舎）／『伝説のヤクザたち 日本アウトロー烈伝』（洋泉社）／『やくざ戦後史』猪野健治（筑摩書房）／『東京闇市興亡史』猪野健治（双葉社）／『大阪春秋』97号.98号.99号（新風書房）／『四代目・五代目山口組全史』（メディアックス）／『六代目山口組10年史』（メディアックス）／『密着！ビジュアル決定版 山口組 分裂抗争の全軌跡』（宝島社）／『最新ビジュアルDX版！山口組分裂「六神抗争」365日の全内幕』（宝島社）／『愚連隊伝説 彼らは恐竜のように消えた！』（洋泉社）／『格闘パンチ』Vol.2（サン出版）／『山口組血風録 激動1100日の真実！』（徳間書店）／『山口組血風録Ⅱ 4万人軍団の激流』（徳間書店）／『決定版 ルポライター事始』竹中労（筑摩書房）／『疵（きず） 花形敬とその時代』本田靖春（筑摩書房）／『仁義なき戦い〈死闘篇〉美能幸三の手記より』飯干晃一（角川書店）／『仁義なき戦い〈決戦篇〉美能幸三の手記より』飯干晃一（角川書店）／『ネオ山口組の野望』飯干晃一（角川書店）／『世界を操るヤクザ・裏社会 謎と真相』（新人物往来社）／『美空ひばり 民衆の心をうたって二十年』竹中労（弘文堂）／『広島ヤクザ抗争全史』本堂淳一郎（幻冬舎）／『完本 山口組三代目 田岡一雄自伝』田岡一雄（徳間書店）／『憚りながら』後藤忠政（宝島社）／『鎮魂 さらば、愛しの山口組』盛力健児（宝島社）／『新装版 愛嬌一本締め 極道の世界 本日も反省の色なしちゃ』溝下秀男（宝島社）ほか、朝日新聞、産経新聞、警察庁ホームページなど

日本のヤクザ100人
闇の支配者たちの実像

2016年10月29日 第1刷発行
2016年12月 9日 第2刷発行

編者／別冊宝島編集部
発行人／蓮見清一
発行所／株式会社宝島社
〒102-8388 東京都千代田区一番町25番地
電話 （営業）03-3234-4621
（編集）03-3239-0646
http://tkj.jp

印刷・製本／サンケイ総合印刷株式会社

Printed in Japan
ISBN 978-4-8002-5987-5